LIBRO UNO

Lo MEJOR de A.W. TOZER

Libros de A. W. Tozer publicados por Portavoz:

El Consejero: Una conversación franca sobre el Espíritu Santo
Diseñados para adorar
Deléitate en Dios
Fe auténtica
Fe más allá de la razón
Lo mejor de A. W. Tozer, Libro uno
Lo mejor de A. W. Tozer, Libro dos
Los peligros de la fe superficial
El poder de Dios para tu vida
¡Prepárate para el regreso de Jesús!
La presencia de Dios en tu vida
Una fe incómoda
La verdadera vida cristiana
Y Él habitó entre nosotros

LIBRO UNO

Lo MEJOR *de* A.W. TOZER

COMPILADO POR

WARREN W. WIERSBE

EDITORIAL PORTAVOZ

La misión de *Editorial Portavoz* consiste en proporcionar productos de calidad —con integridad y excelencia—, desde una perspectiva bíblica y confiable, que animen a las personas a conocer y servir a Jesucristo.

Título del original: *The Best of A. W. Tozer, Book One* © 1978, 2000 por The Moody Bible Institute of Chicago y publicado por Moody Publishers, 820 N. LaSalle Boulevard, Chicago, IL 60610. Traducido con permiso.

Traducción: Daniel Menezo

EDITORIAL PORTAVOZ
2450 Oak Industrial Drive NE
Grand Rapids, Michigan 49505 USA
Visítenos en: www.portavoz.com

ISBN 978-0-8254-5771-5 (rústica)
ISBN 978-0-8254-6667-0 (Kindle)
ISBN 978-0-8254-7481-1 (epub)

1 2 3 4 5 edición / año 26 25 24 23 22 21 20 19 18 17

Impreso en los Estados Unidos de América
Printed in the United States of America

Contenido

Extractos de *Ese increíble cristiano*

Extractos de *La raíz de los justos*

Extractos de *De Dios y los hombres*

Extractos de *El hombre, la morada de Dios*

Extracto de *Cómo ser lleno del Espíritu Santo*

Extracto de *La adoración: la joya ausente en la Iglesia evangélica*

Extracto de *¿Quién clavó a Cristo en la cruz?*

Extracto de *Caminos hacia el poder*

Extracto de *Deja marchar a mi pueblo*

Introducción

"Imagino que mi filosofía es esta:
todo está mal hasta que Dios lo arregla".

Esta afirmación del Dr. A. W. Tozer resume a la perfección lo que creía y lo que intentó hacer durante sus años en el ministerio. El eje de todas sus predicaciones y sus libros era Dios. No tenía tiempo que dedicar a los vendedores ambulantes religiosos que inventaban maneras nuevas de vender sus mercancías e inflar sus estadísticas. Como Thoreau, al que leía y admiraba, Tozer caminaba a otro compás; por este motivo, normalmente no seguía el paso de muchas de las personas que integraban el desfile religioso.

Pero es precisamente esta excentricidad evangélica la que nos hizo quererle y apreciar su obra. No temía decirnos lo que estaba mal. Tampoco vacilaba en decirnos cómo podía arreglarlo Dios. Si podemos comparar un sermón con la luz, A. W. Tozer lanzaba rayos láser desde el púlpito, un haz luminoso que penetraba en tu corazón, abrasaba tu conciencia, manifestaba el pecado y te inducía a clamar: "¿Qué debo hacer para ser salvo?". La respuesta siempre era la misma: entrégate a Cristo; conoce a Dios personalmente; crece para ir pareciéndote a Él.

Aiden Wilson Tozer nació en Newburg (entonces conocida como La Jose), Pennsylvania, el 21 de abril de 1897. En 1912, la familia se trasladó de su granja a Akron, Ohio, y en 1915 Tozer se convirtió a Cristo. De inmediato comenzó una vida de intensidad devocional y testimonio personal. En 1919 empezó como pastor de una iglesia de la Alianza en Nutter Fort, Virginia Occidental. También fue pastor de iglesias en Morgantown (Virginia Occidental), Toledo (Ohio), Indianápolis (Indiana) y, en 1928, se trasladó a la Southside Alliance Church, en Chicago. Allí sirvió hasta noviembre de 1959, cuando se convirtió en el pastor de la Avenue Road Church, en Toronto. Un ataque al corazón repentino, que tuvo lugar el 12 de mayo de 1963, acabó con ese ministerio, y Tozer entró en la gloria celestial.

Estoy seguro de que Tozer llegó a más personas por medio de sus escritos que de sus sermones. Buena parte de sus escritos quedan reflejados en la predicación de aquellos pastores que alimentaron sus almas con sus palabras. En mayo de 1950 lo nombraron editor de *The Alliance Weekly*, llamada hoy *The Alliance Witness*, que seguramente se trataba de la única publicación religiosa que la gente adquiría para leer sus editoriales. Un día escuché al Dr. Tozer hablando en una conferencia para la Asociación de Prensa Evangélica, donde amonestó a los editores que practicaban lo que él definía como "periodismo de supermercado: dos columnas de publicidad y un pasillo de material de lectura". Era un escritor exigente, y era tan duro consigo mismo como lo era con otros.

Las multitudes no corren a escuchar a un hombre cuyas convicciones hacen que se sientan incómodos.

¿Qué hay en las obras de A. W. Tozer que nos atrapa y no nos deja escapar? Tozer no disfrutó del privilegio de una formación universitaria o seminario, y lo cierto es que ni siquiera contó con formación en alguna escuela bíblica, pero aun así nos ha dejado toda una colección de libros que serán una fuente de riqueza espiritual hasta que el Señor vuelva.

En primer lugar, A. W. Tozer escribía con convicción. No le interesaba acariciar los oídos de los superficiales cristianos atenienses que buscaban cosas nuevas. Tozer despejó los pozos antiguos y nos llamó de vuelta a los senderos del pasado, y creyó y practicó apasionadamente las verdades que enseñaba. En cierta ocasión le dijo a un amigo mío: "¡He predicado y me han echado de todas las tarimas de conferencias bíblicas en este país!". Las multitudes no corren a escuchar a un hombre cuyas convicciones hacen que se sientan incómodos.

Tozer era un místico, un místico evangélico, en una era pragmática y materialista. Sigue llamándonos a ver ese mundo espiritual real que se encuentra más allá del mundo físico que tanto nos esclaviza. Nos ruega que agrademos a Dios y nos olvidemos de la gente. Nos implora que adoremos a Dios para irnos pareciendo más a Él. ¡Qué necesario es este mensaje en nuestros tiempos!

A. W. Tozer tenía el don de tomar una verdad espiritual y sostenerla bajo la luz de forma que, como un diamante, todos pudieran ver y admirar sus facetas. No se perdía en pantanos homiléticos; el viento del Espíritu soplaba y los huesos muertos volvían a la vida. Sus ensayos son como delicados camafeos cuyo valor no depende de su tamaño. Su predicación se caracterizaba por una intensidad (una intensidad espiritual) que penetraba en el corazón de las personas ayudándolas a ver a Dios. ¡Qué bendición es tener a mano un libro de Tozer para un cristiano que tiene el alma sedienta y siente que Dios está lejos!

Esto nos lleva a la que considero que es la mayor contribución que hace A. W. Tozer en sus obras. Nos emociona tanto con la verdad que nos olvidamos de él y acudimos a la Biblia. Él dijo muchas veces que el mejor libro es aquel que te produce el deseo de cerrarlo y pensar por ti mismo. Pocas veces leo a Tozer sin echar mano de mi cuaderno y apuntar alguna verdad que más adelante pueda compartir en un sermón. Tozer es como un prisma que capta la luz y revela toda su belleza.

Elegir "lo mejor de A. W. Tozer" es una tarea casi imposible. ¿Lo mejor para quién? ¿Para satisfacer qué necesidad? Como pastor, yo podría elegir cincuenta ensayos que desafiarían y bendecirían los corazones de mis hermanos en el ministerio, pero a Tozer lo leen muchas personas que no son pastores. Como escritor, podría elegir capítulos de sus libros que revelan su habilidad con las palabras; pero la mayoría de lectores no son escritores. Quienes apreciamos los escritos de Tozer tenemos sin duda nuestros pasajes favoritos, pero no coincidiríamos en los mismos.

He hecho una selección de los libros de Tozer publicados por WingSpread Publishers de Camp Hill, Pennsylvania, basándome en el tema y en la exposición del mismo.[1] A menudo el Dr. Tozer decía lo mismo de maneras distintas, y he intentado buscar temas esenciales expuestos de la mejor manera posible. Si falta uno de tus ensayos favoritos, quizá te compense leer uno nuevo que no conocías o que habías olvidado.

Si este libro es lo primero que lees de A. W. Tozer, permíteme sugerirte la mejor manera de leer estos ensayos. Te ruego que los leas lentamente y meditando, reflexionando a medida que los lees. No los leas "a toda velocidad". Cuando leas, escucha lo que Tozer llamaba "la otra Voz" que te transmite verdades por medio de estos mensajes breves. Si en tu alma empieza a arder una verdad determinada, deja el libro a un lado y permite que Dios te hable por medio de su Espíritu. Espera en silencio delante de Él, y Dios te hablará en lo más profundo de tu corazón.

"El mejor libro no es aquel que solo se limita a informar", escribió Tozer en *El hombre, la morada de Dios,* "sino aquel que induce al lector a informarse por su cuenta".

Confío en que este libro, compuesto por lo que en mi opinión

---

1. Para la edición española, indicamos los títulos de los libros tal como fueron publicados en español o, en caso de no existir una edición en español, hemos traducido el título. No obstante, el texto de los capítulos se ha traducido de nuevo a partir de la edición en inglés.

son los mejores ensayos de Tozer, se ajuste a ese patrón. Creo que lo hará. Oro a Dios que este libro exponga a todo un ejército de lectores nuevos a las obras de este hombre de Dios, y que aquellos que le hemos conocido durante mucho tiempo lleguemos a apreciarlo incluso más que antes.

Warren W. Wiersbe
Back to the Bible

1

SIGUIENDO A DIOS SIN CESAR

Está mi alma apegada a ti; tu diestra me ha sostenido

SALMO 63:8

La teología cristiana enseña la doctrina de la gracia previa que, en pocas palabras, significa que antes de que una persona busque a Dios, Dios tiene que haberla buscado primero.

Antes de que un pecador pueda siquiera pensar en Dios, debe haberse producido en su vida una obra de iluminación; puede que sea imperfecta, pero aun así es verdadera, y es la causa oculta de todos los deseos, la búsqueda y la oración que se desprendan de ella posteriormente.

Seguimos a Dios porque Él primero ha puesto en nosotros un estímulo que nos hace empezar a buscarle, y solo por eso. Nuestro Señor dijo: "Ninguno puede venir a mí, si el Padre que me envió no le trajere" (Jn. 6:44), y es gracias a esta *atracción* previa que Dios nos arrebata cualquier rastro de mérito por el acto de acudir a Él. El impulso de buscar a Dios tiene su origen en Él, pero la puesta en práctica de ese impulso conlleva que le sigamos arduamente; y todo ese tiempo que le seguimos ya estamos en sus manos: "tu diestra me ha sostenido".

No existe ninguna contradicción entre este "sostenimiento" divino y el "seguimiento" humano. Todo viene de Dios porque, tal como enseña von Hugel, *Dios siempre está antes.* Sin embargo, en la práctica (es decir, en el punto en que la obra anterior de Dios conecta con la respuesta presente del ser humano), el hombre debe seguir a Dios. Si queremos que esta atracción secreta que parte de Dios se convierta en una experiencia identificable de lo divino, debemos manifestar por nuestra parte una actitud recíproca positiva. Usando las cálidas expresiones de los sentimientos personales que hallamos en el Salmo 42: "Como el ciervo brama por las corrientes de las aguas, así clama por ti, oh Dios, el alma mía. Mi alma tiene sed de Dios, del Dios vivo; ¿Cuándo vendré, y me presentaré delante de Dios?" (Sal. 42:1-2). Aquí vemos un claro llamado a las profundidades de Dios, y el corazón anhelante lo comprenderá.

En nuestros tiempos, la doctrina de la justificación por la fe (una verdad bíblica y un bendito alivio frente al legalismo estéril y los esfuerzos propios inútiles) se ha rodeado de malas compañías, y muchas personas la han interpretado de tal forma que en realidad aparta a los hombres del conocimiento de Dios. La transacción completa de la conversión religiosa se ha vuelto un proceso mecánico y carente de espíritu. Hoy día se puede tener fe sin que afecte a la vida moral, y sin avergonzar al yo adámico. Se puede "recibir" a Cristo sin que esto produzca en el alma de quien lo recibe ningún cariño especial por Él. El hombre es "salvo", pero no tiene hambre ni sed de Dios. De hecho, se le enseña directamente a satisfacerse con poco, y se le exhorta a contentarse con ello.

Los cristianos corremos el peligro muy real de perder a Dios entre las maravillas de su Palabra.

El científico moderno ha perdido a Dios entre las maravillas del mundo que Él creó; los cristianos corremos el peligro muy real de perder a Dios entre las maravillas de su Palabra. Casi hemos olvidado que Dios es una Persona y, como tal, la relación con Él puede cultivarse como con cualquier persona. Un rasgo inherente de la personalidad es poder conocer a otros, pero el conocimiento pleno de una persona por parte de otra no se puede producir en un solo instante. Para explorar las posibilidades completas de ambos participantes es necesario comprometerse a tener una relación mental larga y cariñosa.

Toda interacción social entre los seres humanos es una respuesta de una personalidad a otra, que va desde el contacto más informal posible entre una persona y otra a la comunión más plena e íntima de la que es capaz el alma humana. En esencia, la religión, siempre que sea genuina, es el modo en que unas personalidades creadas responden a la Personalidad creadora, que es Dios. "Y esta es la vida eterna: que te conozcan a ti, el único Dios verdadero, y a Jesucristo, a quien has enviado" (Jn. 17:3).

Dios es una Persona y, en lo profundo de su naturaleza poderosa, Él piensa, disfruta, siente, ama, desea y padece como puede hacerlo cualquier otra persona. Al darse a conocer a nosotros, se basa en el patrón familiar de la personalidad. Se comunica con nosotros por las avenidas de nuestra mente, nuestra voluntad y nuestras emociones. La interacción constante y entregada de amor y de pensamiento entre Dios y el alma de los redimidos constituye el corazón latente de la religión del Nuevo Testamento.

Esta relación entre Dios y el alma se nos da a conocer mediante la consciencia personal. Es una interacción personal; es decir, que no llega a nosotros por medio del cuerpo de creyentes, como tal, sino que se manifiesta al individuo y al cuerpo por medio de los individuos que lo componen. Y es consciente; es decir, que no se mantiene por debajo del umbral de la consciencia y actúa allí sin que el alma la perciba (como piensan algunos que lo hace el bautismo de bebés, por ejemplo), sino que entra en el campo de la consciencia, donde la persona puede "conocerla" como conoce cualquier otro hecho de su experiencia.

Tú y yo somos en pequeño (exceptuando el pecado) lo que Dios es en grande. Al ser hechos a su imagen tenemos en nuestro interior la capacidad de conocerle. Como tenemos pecado, solo carecemos del poder de hacerlo. En el momento en que el Espíritu nos ha vivificado mediante la regeneración, todo nuestro ser percibe su relación con Dios y salta de alegría por el gozo que le produce reconocerla. Este es el nacimiento espiritual, sin el cual no podemos ver el reino de Dios. Sin embargo, no es un fin sino un principio, porque ahora comienza la búsqueda gloriosa, la exploración feliz del corazón de las infinitas riquezas de la Deidad. Este es nuestro punto de partida, como digo, pero aún nadie ha descubierto cuál es el punto final, porque las profundidades asombrosas y misteriosas del Dios trino no tienen límite ni final.

Océano sin orillas, ¿quién podrá sondear tu profundidad?
¡Oh majestad divina, rodeado de tu propia eternidad!

Haber descubierto a Dios y aun así buscarle es la paradoja del amor que siente el alma, un proceso del que se burla el religioso que se satisface con poca cosa, pero justificado en la experiencia feliz de los hijos que tienen un corazón ardiente. San Bernardo expresó esta paradoja santa en una estrofa de cuatro versos que toda alma que adore comprenderá enseguida:

Te probamos, oh Pan viviente,
y anhelamos darnos un festín contigo.
De ti bebemos, oh manantial,
y calmamos la sed de nuestras almas.

Acércate a los hombres y mujeres santos del pasado y pronto sentirás el calor de su deseo por Dios. Lloraban por Él, oraban, luchaban y le buscaban de día y de noche, a tiempo y fuera de tiempo, y cuando le encontraban aquella búsqueda anterior tan larga hacía que el encuentro fuera más dulce. Moisés utilizó el hecho de que conocía a Dios como argumento para conocerle mejor. "Ahora, pues, si he hallado gracia en tus ojos, te ruego que me muestres ahora tu camino, para que te conozca, y halle gracia en tus ojos" (Éx. 33:13); y partiendo de esto dio un paso más para hacer una petición muy atrevida: "te ruego que me muestres tu gloria" (v. 18). A Dios le complació mucho esta apasionada petición y, al día siguiente, llamó a Moisés al monte y allí, mediante una procesión solemne, hizo que toda su gloria pasara delante de él.

La vida de David fue un torrente de anhelo espiritual, y sus salmos resuenan con el clamor del buscador y el grito alegre de quien encuentra. Pablo confesó que el verdadero impulsor de su vida era su deseo ardiente de Cristo. La meta de su corazón era "conocerle" (Fil. 3:10), y a este fin sacrificaba todas las cosas. "Y ciertamente, aun estimo todas las cosas como pérdida por la excelencia del conocimiento de Cristo Jesús, mi Señor, por amor del cual lo he perdido todo, y lo tengo por basura, para ganar a Cristo" (Fil. 3:8).

Los himnarios están llenos del anhelo por Dios, ese Dios al que el cantor busca pero que ya ha encontrado. "Veo su sendero y por él seguiré", cantaban nuestros padres hace tan solo una generación, pero este himno ya no se oye en la gran congregación. ¡Qué tragedia es que nosotros, en estos días oscuros, dejemos que nuestros maestros busquen por nosotros! Se hace girar todo en torno al eje del acto inicial de "aceptar" a Cristo (un término, dicho sea de paso, que no se encuentra en la Biblia), y después nadie espera que busquemos con afán ninguna otra revelación de Dios a nuestras almas. Nos hemos visto atrapados con las cadenas de una lógica falsa, que insiste en que si hemos encontrado a Dios ya no tenemos necesidad de buscarle. Nos ponen esto delante como la última palabra en ortodoxia, y se da por hecho que ningún cristiano estudioso de la Biblia ha creído jamás otra cosa. Por esto se deja bruscamente a un lado todo el testimonio sobre este tema que pueda tener la iglesia adoradora, que busca y que canta. Rechazan la teología del corazón experiencial de un gran ejército de santos fragantes a favor de una interpretación cómoda de las Escrituras que hubiera resultado extraña a un Agustín, un Rutherford o un Brainerd.

Admito con gozo que, en medio de esta frialdad, hay algunos que no se contentan con la lógica superficial. Admiten la fuerza del argumento, y luego se apartan con lágrimas para buscar algún lugar solitario y orar: "Oh, Dios, muéstrame tu gloria". Quieren gustar, tocar con sus corazones, ver con los ojos de su interior la maravilla que es Dios.

La complacencia es un enemigo mortífero de todo crecimiento espiritual.

Quiero fomentar deliberadamente este poderoso anhelo de conocer a Dios. La ausencia del mismo nos ha llevado a nuestro lamentable estado actual. La naturaleza rígida y reseca de nuestras vidas religiosas es el resultado de nuestra falta de deseo santo. La complacencia es un enemigo mortífero de todo crecimiento espiritual. Si no hace acto de presencia el deseo intenso, no habrá manifestaciones de Cristo a su pueblo. Él espera que le queramos encontrar. Es triste que en el caso de muchos de nosotros tenga que esperar tanto, tanto tiempo, y en vano.

Cada época tiene sus propias características. Ahora mismo vivimos en una era de complejidad religiosa. Raras veces se encuentra entre nosotros la simplicidad que está en Cristo. En lugar de ella encontramos programas, métodos, organizaciones y todo un mundo de actividades nerviosas que exigen tiempo y atención, pero que nunca satisfacen el deseo del corazón. La superficialidad de nuestra experiencia interior, la vaciedad de nuestra adoración y esa servil imitación del mundo que caracterizan nuestros métodos promocionales dan testimonio de que, en nuestro tiempo, solo conocemos a Dios de forma imperfecta, y que apenas sabemos lo que es la paz que Él puede darnos.

Si queremos hallar a Dios en medio de todos esos elementos religiosos externos, primero hemos de decidir encontrarle y luego avanzar por el camino de la sencillez. Ahora, como siempre, Dios se revela a los "niños" y se oculta entre espesas tinieblas a las miradas de los sabios y los prudentes. Debemos simplificar nuestra forma de tratar con Él. Debemos reducirnos a los elementos básicos (y descubriremos que, por la bendición de Dios, son pocos). Debemos rechazar todo intento de impresionar, y acudir con la inocencia de los niños. Si lo hacemos, sin duda Dios responderá en muy poco tiempo.

Cuando la religión ha dicho su última palabra, poco hay que necesitemos que no sea al propio Dios. La mala costumbre de buscar a *Dios más algo* nos impide encontrarle en una revelación plena. Nuestro problema más grave reside en ese "más algo". Si omitimos esta parte pronto encontraremos a Dios, y en Él hallaremos aquello que hemos estado deseando en secreto toda nuestra vida.

No debemos temer que al buscar a Dios estrechemos nuestras vidas o limitemos el movimiento de nuestros corazones que se expanden. La verdad es lo contrario. Bien podemos permitirnos convertir a Dios en nuestro todo, concentrarnos, sacrificar los muchos por el Único.

El autor del singular clásico inglés *The Cloud of Unknowing* ("La nube del no saber") nos enseña a hacer esto: "Levanta tu corazón ante Dios con un manso impulso de amor; y dirígelo a Él por ser quien es, no para obtener ninguno de sus bienes. Y aborrece pensar en nada que no sea el propio Dios, de tal modo que nada influya en tu pensamiento ni en tu voluntad sino solo el propio Dios. Esta es la obra del alma que más complace a Dios".

Una vez más, el escritor recomienda que al orar nos despojemos de todo lo que tenemos, incluso de nuestra teología. "Pues basta con una intención desnuda dirigida a Dios sin otra causa que Él mismo". Sin embargo, en todo este pensamiento subyace el amplio cimiento de la verdad del Nuevo Testamento, porque el autor explica que al decir: "Él mismo", se refiere al "Dios que te hizo, te compró y, en su gracia, te llamó a la posición que ocupas". Y además defiende la sencillez: si pudiéramos tomar la religión y "doblarla y condensarla en una sola palabra, para poder tener un mayor control sobre ella, solo necesitamos una breve palabra de una sílaba, mejor que cualquiera de dos o tres, porque incluso lo que es más breve es mejor de acuerdo con la obra del Espíritu. Y esa palabra es el término DIOS o la palabra AMOR, aunque tenga dos sílabas".

Cuando el Señor dividió Canaán entre las tribus de Israel, Aarón no recibió una porción del territorio. Dios se limitó a decirle: "Yo soy tu parte y tu heredad" (Nm. 18:20), y con esas palabras lo enriqueció más que a todos sus hermanos, más que a todos los reyes y marajás que han vivido en este mundo. Y aquí encontramos un principio espiritual, un principio que sigue siendo válido para todo sacerdote del Dios Altísimo.

El hombre cuyo tesoro es Dios tiene todas las cosas en Uno. Puede que le nieguen muchos tesoros ordinarios o, si se le permite tenerlos, su forma de disfrutar de ellos será tan moderada que jamás serán necesarios para su felicidad. O si tiene que ver cómo desaparecen uno tras otro, apenas sentirá la pérdida, porque al tener la Fuente de todas las cosas tiene en Uno solo toda la satisfacción, todo el placer, todo el deleite. Pierda lo que pierda, en realidad no ha perdido nada, porque ahora lo tiene todo en Uno, y lo tiene con pureza, legitimidad y para siempre.

Oh Dios, he probado tu bondad y me ha satisfecho y a la vez me ha hecho tener sed de más. Soy dolorosamente consciente de mi necesidad de recibir más gracia. Me avergüenza mi falta de deseo. Oh Dios, el Dios trino, quiero quererte; anhelo ser lleno de deseo; tengo sed de tener incluso más sed de ti. Muéstrame tu gloria, te lo ruego, de manera que pueda conocerte de verdad. Por tu misericordia, empieza una nueva obra de amor en mí. Di a mi alma: "Levántate, amada mía, hermosa mía, y ven". Entonces dame la gracia necesaria para levantarme y seguirte en medio de estas tierras bajas y cubiertas de niebla por las que he caminado tanto tiempo sin rumbo. En el nombre de Jesús, amén.

2

La voz que habla

En el principio era el Verbo, y el Verbo era con Dios, y el Verbo era Dios.

Juan 1:1

Un hombre inteligente pero sencillo, que no conozca las verdades del cristianismo, al encontrarse con este versículo seguramente llegaría a la conclusión de que lo que Juan pretendía enseñar con él era la naturaleza de un Dios que habla, que transmite a otros sus pensamientos. Y tendría razón. Las palabras son un medio por el que se expresan pensamientos, y la aplicación de este término al Hijo eterno nos lleva a creer que la autoexpresión es inherente en Dios Padre, que Dios siempre busca cómo expresarse a sí mismo ante su creación. Toda la Biblia respalda esta idea. Dios está hablando. No habló, sino que *está hablando.* Debido a su naturaleza, nunca deja de expresarse. Llena el mundo con su voz que habla.

Una de las grandes realidades que tenemos que asimilar es la voz de Dios en este mundo. La cosmogonía más breve y la única satisfactoria se resume en esta frase: "habló y fue hecho". El *porqué* de la ley natural es la voz viviente del Dios inmanente en su creación. Y no podemos pensar que esta palabra de Dios que hizo existir a todos los mundos se refiere a la Biblia, porque no se trata de una palabra escrita ni impresa, sino la expresión de la voluntad de Dios insertada en la estructura de todas las cosas. Esta palabra de Dios es el aliento divino que llena el mundo de un potencial vivo. La voz de Dios es la fuerza más poderosa de la naturaleza, en realidad la única fuerza de la naturaleza, porque si existe cualquier tipo de energía es porque Dios pronuncia el Verbo lleno de poder.

La Biblia es la Palabra escrita de Dios y, dado que está escrita, se encuentra contenida y limitada por las necesidades de la tinta, el papel y el cuero. Sin embargo, el Verbo de Dios está vivo y es libre como lo es el Dios soberano. "Las palabras que yo os he hablado son espíritu y son vida" (Jn. 6:63). La vida radica en las palabras pronunciadas. En la Biblia, la voz de Dios tiene poder solo porque se corresponde con la voz de Dios en el universo. Es la voz presente la que hace que la Palabra escrita sea todopoderosa. De otro modo, se vería atrapada y adormecida entre las cubiertas de un libro.

A veces adoptamos una visión baja y primitiva de las cosas cuando concebimos que Dios, durante la creación, entró en contacto físico con las cosas, dándoles forma, encajándolas y construyendo como lo hace un carpintero. La Biblia nos dice otra cosa: "Por la palabra de Jehová fueron hechos los cielos, y todo el ejército de ellos por el aliento de su boca... Porque él dijo, y fue hecho; él mandó, y existió" (Sal. 33:6, 9). "Por la fe entendemos haber sido constituido el universo por la Palabra de Dios" (He. 11:3). De nuevo hemos de recordar que aquí Dios no se refiere a su Palabra escrita, sino a su voz hablante. Se refiere a su voz que llena mundos, esa voz que precede a la Biblia incontables siglos, la voz que no ha guardado silencio desde el alba de la creación, sino que sigue resonando hasta en los últimos confines del universo.

La voz de Dios es la fuerza más poderosa de la naturaleza, en realidad la única fuerza de la naturaleza.

El Verbo de Dios es veloz y poderoso. Al principio le habló a la nada, y esta se convirtió en *algo*. El caos le escuchó y se convirtió en orden; las tinieblas le oyeron y fueron luz. "Y dijo Jehová... y fue hecho". Estas dos frases, como causa y efecto, aparecen en toda la historia de la creación que leemos en Génesis. El *dijo* precede al *hecho*. El *hecho* es una forma presente continua de lo que se *dijo*.

Dios está aquí y habla; estas verdades son la columna vertebral de todas las otras verdades bíblicas; sin ellas no podría haber ninguna revelación. Dios no escribió un libro y lo envió mediante un mensajero para que unas mentes que vivían muy lejos lo leyeran sin ayuda. Pronunció un Libro, y vive en las palabras que dijo, diciéndolas sin cesar y haciendo que el poder contenido en ellas persista con el paso de los años. Dios echó su aliento sobre el barro y este se hizo hombre; lo echa sobre los hombres y estos se convierten en barro. "Convertíos, hijos de los hombres" (Sal. 90:3); estas fueron las palabras pronunciadas durante la Caída, mediante las cuales Dios decretó la muerte de toda persona, y no tuvo que añadir ninguna otra palabra. El triste desfile de la humanidad por la superficie del mundo, de la cuna a la tumba, es la prueba de que lo que dijo Dios al principio era suficiente.

En el libro de Juan hallamos una afirmación a la que no hemos prestado la atención que se merece: "Aquella luz verdadera, que alumbra a todo hombre, venía a este mundo" (Jn. 1:9). Podemos cambiar la puntuación como queramos, pero la verdad sigue siendo la misma: la voz de Dios afecta los corazones de todos los hombres como luz para el alma. En los corazones de todos los hombres brilla la luz, suena la voz, y no podemos escapar de ellas. Si Dios vive y está en este mundo, esto debe ser así por necesidad. Y Juan dice que lo es. Incluso las personas que nunca han oído hablar de la Biblia han recibido un mensaje lo bastante claro como para eliminar para siempre cualquier excusa que puedan plantear sus corazones. "Mostrando la obra de la ley escrita en sus corazones, dando testimonio su conciencia, y acusándoles o defendiéndoles sus razonamientos" (Ro. 2:15). "Porque las cosas invisibles de él, su eterno poder y deidad, se hacen claramente visibles desde la creación del mundo, siendo entendidas por medio de las cosas hechas, de modo que no tienen excusa" (Ro. 1:20).

A menudo los antiguos hebreos llamaban a esta voz universal de Dios "la sabiduría", y sostenían que estaba en todas partes, resonando y buscando por toda la tierra, esperando alguna respuesta del corazón de los hombres. El octavo capítulo del libro de Proverbios empieza diciendo: "¿No clama la sabiduría y da su voz la inteligencia?" (Pr. 8:1). Entonces el escritor retrata a la sabiduría como una hermosa mujer que está "en las alturas junto al camino, a las encrucijadas de las veredas se para" (v. 2). Alza su voz desde todas partes, de modo que nadie pueda dejar de escucharla. "Oh hombres, a vosotros clamo; dirijo mi voz a los hijos de los hombres" (v. 4). Luego implora a los sencillos y a los necios que presten atención a sus palabras. Lo que ruega la sabiduría de Dios es una respuesta espiritual, una respuesta que siempre ha buscado y que raras veces ha podido obtener. La tragedia consiste en que nuestro bienestar eterno depende de que la escuchemos, y hemos preparado nuestros oídos para no hacerlo.

Esta voz universal siempre se ha dejado oír y, a menudo, ha atribulado a los hombres, incluso cuando estos no lograban comprender cuál era el origen de sus temores. ¿Es posible que esa voz, que se destila como una niebla viviente en los corazones de los hombres, haya sido la causa no descubierta de la conciencia inquieta y del deseo de inmortalidad que han confesado millones de personas desde que contamos con registros escritos de la historia? No temamos aceptar esta conclusión. La voz que habla es un hecho. Cualquier observador se dará cuenta de cómo han reaccionado los hombres a ella.

Cuando Dios habló desde los cielos a nuestro Señor, los

hombres egoístas que le escucharon lo explicaron recurriendo a causas naturales. Dijeron que había sido "un trueno" (Jn. 12:29). Esta costumbre de explicar la voz apelando a la ley natural es la esencia de la ciencia moderna. En el cosmos viviente, que respira, existe un Algo misterioso demasiado maravilloso, demasiado terrible para que lo pueda entender la mente humana. El hombre que cree no afirma comprenderlo. Cae de rodillas y susurra "Dios". El hombre de la Tierra también se arrodilla, pero no para adorar. Se arrodilla para examinar, para buscar, para encontrar la causa y descubrir cómo son las cosas. Ahora mismo vivimos en una era secular. Nuestras pautas intelectuales son las de los científicos, no las de los adoradores. Tenemos más tendencia a explicar que a adorar. "¡Ha sido un trueno!", decimos, y seguimos caminando a nuestra manera. Pero aun así la voz habla y busca. El orden y la vida de este mundo dependen de esa voz, pero la mayoría de las veces los hombres estamos demasiado ocupados o somos demasiado tozudos como para prestarle atención.

Todos hemos tenido experiencias que no hemos podido explicar: una repentina sensación de soledad, o una sensación de asombro o de temor reverente frente a la inmensidad del universo. O quizá hayamos experimentado una visita pasajera de la luz, como la iluminación procedente de algún otro sol, que nos ha dado en un breve instante la seguridad de que pertenecemos a otro mundo, que nuestro origen es divino. Lo que vimos, o sentimos, o escuchamos, puede que contradijese todo lo que nos han enseñado en la escuela y que no coincida para nada con todas nuestras creencias y opiniones anteriores. Nos vimos obligados a suspender nuestras dudas adquiridas mientras, por un instante, las nubes se descorrieron y vimos y oímos por nosotros mismos. Da igual cómo expliquemos tales cosas, creo que no seremos justos con los hechos hasta que al menos dejemos abierta la posibilidad de que esas experiencias surgieron de la presencia de Dios en el mundo y de su esfuerzo constante de comunicarse con la humanidad. No rechacemos con frivolidad esta hipótesis.

Personalmente creo (y no me sentiré mal si nadie coincide conmigo) que todas las cosas buenas y hermosas que el ser humano ha creado en este mundo han sido el resultado de su respuesta, imperfecta y pecaminosa, a la voz creativa de Dios que se oye en todas partes. Los filósofos morales que tuvieron sueños elevados de virtud, los pensadores religiosos que especularon sobre Dios y la inmortalidad, los poetas y artistas que crearon, partiendo de materiales ordinarios, una belleza pura y duradera... ¿Cómo se puede explicar esto? No basta con decir, simplemente, que fueron "genios". Entonces, ¿qué es el genio? ¿No podría ser que un genio fuera un hombre acosado por la voz que habla, que trabaja y se esfuerza como un poseso para alcanzar unas metas que solo entiende a medias? El hecho de que un gran hombre no haya detectado a Dios en medio de sus tareas, que incluso haya hablado o escrito contra Dios, no destruye la idea que propongo. La revelación redentora de Dios en las Santas Escrituras es necesaria para la fe salvadora y la paz con Dios. La fe en el Salvador resucitado es necesaria si queremos que las indefinidas visiones de la inmortalidad nos lleven a tener una comunión reposada y satisfactoria con Dios. Para mí, esta es una explicación plausible de todo lo que es mejor y procede de Cristo. Pero puedes ser un buen cristiano y no aceptar esta tesis.

La voz de Dios es amigable. Nadie tiene que sentir miedo al escucharla, a menos que ya haya decidido resistirse a ella. La sangre de Jesús ha cubierto no solo a la raza humana, sino también a toda la creación: "Y por medio de él reconciliar consigo todas las cosas, así las que están en la tierra como las que están en los cielos, haciendo la paz mediante la sangre de su cruz" (Col. 1:20). Podemos predicar sin temor un cielo amistoso. El cielo, así como la tierra, está lleno de la buena voluntad de aquel que habitaba en la zarza. La sangre perfecta de la expiación nos garantiza esto para siempre.

Todo el que escuche oirá cómo habla el cielo. Está claro que hoy día no es precisamente el momento cuando a los hombres les agrada que los exhorten a *escuchar*, porque prestar atención no forma parte de la religión popular moderna. Estamos en el extremo opuesto. La religión ha aceptado la monstruosa herejía de que el ruido, el tamaño, la actividad y la fanfarronería hacen que Dios ame a una persona. Pero podemos tener esperanza. A un pueblo atrapado en la tempestad del último gran conflicto, Dios le dice: "estad quietos, y conoced que yo soy Dios" (Sal. 46:10), y sigue diciéndolo, como si pretendiera decirnos que nuestra fortaleza y nuestra seguridad no se encuentran en el ruido, sino en el silencio.

Dios no está callado ni lo ha estado nunca.

Es importante que estemos quietos para esperar en Dios. Y lo mejor es que estemos solos, preferiblemente teniendo delante nuestra Biblia abierta. Entonces, si queremos, podemos acercarnos a Dios y empezar a escuchar cómo habla a nuestros corazones. Creo que para la mayoría la progresión será como sigue: primero, un sonido como el de una presencia caminando en un jardín. Luego, una voz más inteligible pero que aún no está clara. Luego el momento feliz en que el Espíritu empieza a iluminar las Escrituras, y en que aquello que solo había sido un sonido, o como mucho una voz, se convierte en palabras inteligibles, cálidas e íntimas, y tan diáfanas como la voz de un querido amigo. Entonces vendrán la vida y la luz y, lo mejor de todo, la capacidad de ver, descansar y abrazar a Jesucristo como Salvador, Señor y el todo en la vida.

La Biblia nunca será un libro vivo para nosotros hasta que estemos convencidos de que Dios se comunica en este universo. A la mayoría de personas les resulta imposible pasar de un mundo muerto, impersonal, a una Biblia dogmática. Quizá admitan que *deberían* aceptar la Biblia como Palabra de Dios, y a lo mejor intentan considerarla como tal, pero les resulta imposible creer que las palabras plasmadas en esas páginas vayan dirigidas de verdad a ellos. Un hombre puede *decir* "Estas palabras son para mí", pero en su corazón no sentir y saber que es así. Es víctima de una psicología dividida. Intenta pensar que Dios guarda silencio en todas partes menos en un libro.

Creo que buena parte de nuestra incredulidad religiosa se debe a un concepto equivocado y a un sentimiento erróneo de la verdad hacia las Escrituras. De repente, un Dios silencioso empezó a hablar en un libro y, cuando este concluyó, volvió a guardar silencio para siempre. Ahora leemos el libro como un registro de lo que dijo Dios cuando, durante un tiempo, tuvo ganas de comunicarse. Con ideas como esas en la cabeza, ¿cómo vamos a creer? La realidad es que Dios no está callado ni lo ha estado nunca. Por su naturaleza, Dios habla. La segunda Persona de la Santa Trinidad recibe el nombre de *Verbo*. La Biblia es el resultado inevitable del discurso continuo de Dios. Es la declaración infalible de su mente, destinada a nosotros y manifiesta en palabras humanas que conocemos bien.

Creo que cuando abordemos nuestra Biblia sabiendo que no es solo un libro que Dios dictó en otro tiempo, sino un libro que *nos habla ahora*, de entre la niebla religiosa surgirá todo un mundo nuevo. Habitualmente, los profetas decían "así *dice* el Señor". Querían que sus lectores entendieran que la comunicación de Dios está en tiempo presente. Podemos usar bien el tiempo pasado para indicar que en determinado momento Dios dijo unas palabras concretas, pero la palabra que dice Dios sigue activa hoy día, igual que sigue estando vivo un niño recién nacido o sigue existiendo un mundo que fue creado. Y estas son ilustraciones imperfectas, porque los niños mueren y los mundos se queman, pero la Palabra de nuestro Dios permanece para siempre.

Si quieres seguir conociendo al Señor, acude de inmediato a la Biblia abierta esperando que te hable. No acudas pensando que es un *objeto* que puedes manejar según te convenga. Es algo más que un objeto, es una voz, una palabra, el Verbo del propio Dios viviente.

Señor, enséñame a escuchar. Vivimos en una época de ruido, y tengo los oídos cansados debido a los mil sonidos estridentes que me acosan en todo momento. Dame el espíritu del niño Samuel cuando te dijo: "Habla, porque tu siervo oye". Permíteme oírte hablar en mi corazón. Quiero acostumbrarme al sonido de tu voz, que su tono me sea familiar cuando mueran los sonidos de este mundo y el único que quede sea la música de tu voz que habla. Amén.

3

La mansedumbre y el reposo

Bienaventurados los mansos, porque ellos recibirán la tierra por heredad.
Mateo 5:5

Si una persona desconociera cómo es la humanidad y quisiera definirla con precisión, podría tomar las Bienaventuranzas, darles la vuelta para que digan lo contrario, y decir: "Aquí tienes a la raza humana". Y es que precisamente las cualidades que caracterizan a la vida y a la conducta humanas son exactamente lo contrario a las virtudes mencionadas en las Bienaventuranzas.

En el mundo de los hombres no encontramos nada que se acerque a las virtudes de las que habló Jesús en las primeras palabras del famoso Sermón del Monte. En lugar de pobreza de espíritu encontramos el tipo más nocivo de orgullo; en lugar de gente que llora encontramos a gente que busca el placer; en lugar de mansedumbre, arrogancia; en lugar de hambre de justicia, oímos a los hombres que dicen "Yo soy rico, y me he enriquecido, y de ninguna cosa tengo necesidad" (Ap. 3:17); en lugar de misericordia hallamos crueldad; en lugar de pureza de corazón, fantasías corruptas; en lugar de pacificadores encontramos a personas beligerantes y resentidas; en lugar de gozarse cuando los ofenden vemos cómo devuelven el golpe con cualquier arma de la que dispongan.

La sociedad civilizada está formada por ese tejido moral. El ambiente está cargado de ese espíritu; lo respiramos cada vez que inhalamos y lo bebemos mezclado con la leche materna. La cultura y la educación lo refinan ligeramente, pero su esencia sigue siendo prácticamente la misma. Se ha creado todo un mundo literario para justificar que este tipo de vida es el único normal. Y aún hay más de qué asombrarse, dado que estos son los males que hacen que la vida sea una lucha amarga para todos nosotros. Las angustias del corazón y buena parte de nuestros problemas físicos nacen directamente de nuestros pecados. El orgullo, la arrogancia, el resentimiento, los malos pensamientos, la malicia, la codicia; estas cosas son el origen de más sufrimiento humano que el que han infligido a la carne mortal todas las enfermedades juntas.

Jesús nunca dio sus opiniones, nunca hizo hipótesis; sabía, y sabe.

En un mundo como este el sonido de las palabras de Jesús es maravilloso y extraño, una visitación de lo alto. Está bien que Él hablase, porque nadie podría haberlo expresado tan bien; y está bien que escuchemos. Sus palabras son la esencia de la verdad. No adelanta una opinión; Jesús nunca dio sus opiniones, nunca hizo hipótesis; sabía, y sabe. Sus palabras no son como las de Salomón, la suma de una gran sabiduría o el resultado de una observación atenta. Jesús hablaba desde la plenitud de su deidad, y sus palabras son la verdad auténtica. Es el único que pudo decir "bienaventurado" con una autoridad total, porque es el Bendito que vino del mundo superior para bendecir a la humanidad. Y sus palabras estuvieron respaldadas por hechos más poderosos de los que haya hecho en este mundo ningún otro hombre. Escucharlas es de sabios.

Como solía hacerlo, Jesús usó la palabra *manso* dentro de una frase breve y clara, y no explicó su sentido hasta un tiempo después. En el mismo libro de Mateo nos habla más sobre el tema y cómo se aplica a nuestras vidas. "Venid a mí todos los que estáis trabajados y cargados, y yo os haré descansar. Llevad mi yugo sobre vosotros, y aprended de mí, que soy manso y humilde de corazón; y hallaréis descanso para vuestras almas; porque mi yugo es fácil, y ligera mi carga" (11:28-30). Aquí vemos dos cosas que contrastan radicalmente entre sí, una carga y un reposo. La carga no es circunstancial, propia de aquellos primeros oyentes, sino que la comparte toda la raza humana. No consiste en opresión política, pobreza o trabajo duro. Es algo mucho más profundo que todo eso. La sienten los ricos tanto como los pobres, porque es algo de lo que nunca podrán librarnos la riqueza ni el tiempo libre.

La carga que lleva la humanidad es pesada y aplastante. La palabra que utilizó Jesús se refiere a una carga que se lleva a cuestas o un trabajo que se hace hasta el agotamiento. El reposo no es más que la liberación de esa carga. No es algo que hacemos, sino lo que experimentamos cuando dejamos de hacer. El reposo viene de la propia mansedumbre de Jesús.

Examinemos nuestra carga, que es interior. Ataca al corazón y a la mente, y afecta al cuerpo desde dentro. Primero, tenemos la carga del *orgullo*. La labor del amor por uno mismo es realmente pesada. Plantéate si buena parte de tus penas no han nacido del hecho de que alguien haya hablado mal de ti. Mientras te consideres un pequeño dios al que debes serle fiel, siempre habrá quienes se complazcan en ofender a ese ídolo. Entonces, ¿cómo puedes tener la esperanza de gozar de paz interior? El intenso esfuerzo del corazón para protegerse de toda ofensa, de defender su susceptible honor de la mala opinión de amigos o enemigos, nunca permitirá que la mente tenga reposo. Si sigues librando esta batalla con el paso de los años, la carga se volverá insoportable. Sin embargo, los hijos de la tierra siempre llevan a cuestas esta carga, desafiando cada palabra pronunciada contra ellos, encogiéndose frente a toda crítica, resentidos frente a cualquier menosprecio imaginado, padeciendo insomnio si los demás prefieren a otros antes que a ellos mismos.

No es necesario soportar una carga como esta. Jesús nos llama a su reposo, y su método es la mansedumbre. El hombre manso no se preocupa porque otros sean mayores que él, puesto que hace mucho tiempo que ha decidido que la estima del mundo no merece la pena. Cuando piensa en sí mismo lo hace con cierto tipo de sentido del humor, y aprende a decir: "Ah, ¿te han pasado por alto? ¿Que han puesto a alguien por delante de ti? ¿Han comentado que en realidad eres poca cosa? ¿Y ahora te sientes herido porque el mundo dice de ti precisamente lo mismo que tú has estado diciendo de ti mismo? Ayer mismo le decías a Dios que no eres nada, un mero gusano en el polvo. ¿Dónde está tu coherencia? ¡Por favor! ¡Humíllate y deja de preocuparte por lo que piensen los hombres!".

La carga que lleva la humanidad es pesada y aplastante.

El hombre manso no es un ratón humano acosado por la sensación de su propia inferioridad. No, es probable que en su vida moral sea tan valiente como un león y tan fuerte como Sansón; pero ha dejado de engañarse a sí mismo. Ha aceptado la evaluación de Dios sobre su propia vida. Sabe que es tan débil e indefenso como Dios ha dicho que es, pero paradójicamente al mismo tiempo sabe que a los ojos de Dios tiene más importancia que los ángeles. En sí mismo, no es nada; en Dios lo es todo. Este es su lema. Sabe bien que el mundo nunca le verá como Dios le ve, y esto ha dejado de preocuparle. Descansa perfectamente satisfecho de permitir que sea Dios quien aplique sus propios valores. Tendrá paciencia para esperar el día en que todo reciba su verdadero precio y se descubra su auténtico valor. Entonces su justicia brillará en el reino del Padre. Está dispuesto a esperar ese día.

Entre tanto, habrá alcanzado un lugar de reposo para el alma. Cuando camine en mansedumbre, permitirá que Dios le defienda. Ya ha acabado la antigua batalla para defenderse a sí mismo. Ha descubierto la paz que es consecuencia de la mansedumbre.

Además de esto, se verá libre de la carga del *fingimiento*. Con esto no me refiero a la hipocresía, sino a ese deseo humano común de poner siempre la mejor cara y ocultar del mundo nuestra verdadera pobreza interna. El pecado nos ha engañado de muchas maneras, y una de ellas es que nos impone una falsa sensación de vergüenza. Hay pocos hombres y mujeres capaces de ser quienes son realmente sin maquillar el resultado. El miedo a ser descubiertos les roe el corazón. El hombre culto tiene miedo de encontrar a un hombre más culto que él. El sabio teme conocer a alguien más sabio que él. El rico sufre al pensar que algún día su ropa, su coche o su casa parezcan baratos en comparación con los bienes de otro hombre rico. La llamada "sociedad" se mueve en función de una motivación así, y las clases más humildes, en su propio nivel, no son mejores que ella.

No nos tomemos esto a la ligera. Estas cargas son reales y, poco a poco, matan a las víctimas de esta forma de vida mala y antinatural. Y la psicología resultante de años de este tipo de vida hace que la verdadera mansedumbre parezca tan irreal como un sueño, tan lejana como una estrella. A todas las víctimas de esta enfermedad corrosiva Jesús les dice que deben hacerse "como niños" (Mt. 18:3). Los niños pequeños no hacen comparaciones; disfrutan directamente de lo que tienen sin relacionarlo con nada o con nadie más. Solo cuando se hacen mayores y el pecado empieza a actuar en sus corazones aparecen los celos y la envidia. Entonces no logran disfrutar de lo que tienen si alguien tiene algo más grande o mejor. En esa edad temprana, esa carga fastidiosa cae sobre sus almas tiernas, y nunca las abandona hasta que Jesús les da libertad.

Otro origen de las cargas es la *artificialidad*. Estoy seguro de que la mayoría de personas viven con el miedo secreto a que algún día no tengan el cuidado suficiente y, por casualidad, un amigo o un enemigo pueda echar un vistazo a sus almas pobres y vacías. De modo que nunca se relajan. Las personas brillantes viven tensas y alertas, temerosas de cometer el error de decir algo banal o estúpido. Las personas que han viajado mucho tienen miedo de conocer a algún Marco Polo que pueda describir algún lugar remoto en el que nunca han estado.

Esta condición antinatural forma parte de nuestra triste herencia del pecado, pero en nuestros tiempos se ve agravada por nuestra forma de vida. La publicidad se basa en gran medida en esta costumbre de fingir. Se ofrecen "cursos" sobre este o aquel campo del conocimiento humano, que resultan francamente atractivos para el deseo que siente la víctima de brillar en una fiesta. Se venden libros, se distribuyen ropa y cosméticos, todo basado en este deseo constante de parecer lo que no somos. La artificialidad es una maldición que desaparecerá en el mismo momento en que nos arrodillemos a los pies de Jesús y nos entreguemos a su mansedumbre. Entonces no nos importará lo que piensen los demás, siempre que Dios esté satisfecho. Entonces lo más importante será *lo que somos de verdad*; lo que parecemos ser bajará muchos peldaños en la escala de nuestro interés. Aparte del pecado, no tenemos nada de qué avergonzarnos. Lo que nos lleva a querer aparentar lo que no somos es el deseo maligno de destacar.

El corazón del mundo se rompe bajo esta carga de orgullo y fingimiento. Fuera de la mansedumbre de Cristo no podemos librarnos de nuestra carga. El razonamiento sano y agudo puede ayudar un poco, pero este vicio es tan fuerte que si lo borramos de un sitio siempre aparecerá en otro. Jesús dice a los hombres y a las mujeres de todo el mundo: "venid a mí... y yo os haré descansar". El descanso que Él ofrece es el reposo de la mansedumbre, el bendito alivio que surge cuando nos aceptamos por lo que somos y dejamos de fingir. Al principio requiere coraje, pero en cuanto descubramos que compartimos este yugo nuevo y fácil con el propio Hijo de Dios, el Fuerte, hallaremos la gracia que es tan necesaria. Él lo llama "mi yugo" y, mientras yo cargo con él por un lado, Él lo sostiene por el otro extremo.

Señor, hazme como un niño. Líbrame del impulso de competir con otros para obtener un lugar de prestigio. Quiero ser sencillo e ingenuo como un niño pequeño. Líbrame de las fachadas y los fingimientos. Perdóname por pensar tanto en mí mismo. Ayúdame a olvidarme de mí y a hallar la verdadera paz al contemplarte. Me humillo delante de ti para que te dignes responder a esta oración. Pon sobre mí el yugo fácil que supone olvidarme de mí, de modo que por medio de él halle el reposo. Amén.

4

Nacido después de medianoche

He escuchado decir a los cristianos que piensan en el avivamiento: "Los avivamientos nacen después de medianoche".

Este es uno de esos dichos que, aunque no es literalmente cierto, sí apunta a algo que es muy cierto.

Si con esta frase interpretamos que Dios no escucha nuestras oraciones pidiendo avivamiento si las formulamos de día, está claro que no es cierto. Si creemos que dice que la oración que hacemos cuando estamos cansados, agotados, tiene más poder que aquella que hacemos cuando estamos descansados y frescos, tampoco es verdad. Dios tendría que ser muy severo como para exigirnos que convirtiésemos la oración en una penitencia, o para disfrutar viendo cómo nos castigamos mediante la intercesión. Entre algunos cristianos aún se detectan restos de estas ideas tan ascéticas y, aunque hay que elogiar a estos hermanos por su celo, no se les debe excusar por atribuir inconscientemente a Dios el sadismo indigno de hombres caídos.

No obstante, sí que hay una verdad considerable en la idea de que los avivamientos nacen después de medianoche, porque los avivamientos (como cualquier otro don y gracia espiritual) solo llegan a quienes los desean muy vivamente. Podemos decir sin reservas que toda persona es tan santa y está tan llena del Espíritu como desea estarlo. Puede que no esté tan llena como le gustaría estarlo, pero sin duda está tan llena como quiere estarlo.

Nuestro Señor puso esto más allá de toda duda cuando dijo: "Bienaventurados los que tienen hambre y sed de justicia, porque ellos serán saciados" (Mt. 5:6). El hambre y la sed son sensaciones físicas que en sus estados agudos pueden convertirse en auténtico dolor. Incontables buscadores de Dios han pasado por la experiencia de que cuando sus deseos se convirtieron en algo doloroso, fueron llenos de repente y de una forma maravillosa. El problema no es convencer a Dios de que nos llene, sino amar a Dios lo bastante como para permitirle hacerlo. El cristiano medio es tan frío y está tan satisfecho con su triste condición que no existe un vacío de deseo al que pueda acudir el bendito Espíritu para llenarlo y satisfacerlo.

Toda bendición fluye de la bondad de Dios como si fuera una fuente.

De vez en cuando aparece en la escena religiosa un hombre cuyos deseos espirituales insatisfechos son tan grandes e importantes en su vida que eliminan cualquier otro interés. Ese hombre se niega a contentarse con las oraciones seguras y convencionales de los hermanos apegados a la frialdad que "dirigen en oración" una semana tras otra, un año tras otro, en las asambleas locales. Sus anhelos le arrebatan y, a menudo, hacen que resulte molesto para otros. Sus hermanos cristianos, confusos, menean la cabeza y se lanzan mutuamente miradas de complicidad, pero como aquel ciego que clamó pidiendo la vista y a quien reprendieron los apóstoles, ese cristiano clama "mucho más" (Mr. 10:48). Y si aún no ha cumplido los requisitos o hay algo que interfiera en la respuesta a su oración, puede orar hasta altas horas de la madrugada. Lo que decide el momento de su visitación no es la hora de la noche sino el estado de su corazón. Bien pudiera ser que para esa persona el avivamiento llegue después de medianoche.

Sin embargo, es muy importante que entendamos que las largas vigilias de oración, o incluso el llanto y las lágrimas abundantes, no son por sí mismos actos meritorios. Toda bendición fluye de la bondad de Dios como si fuera una fuente. Incluso aquellas recompensas por las buenas obras de las que hablan exageradamente algunos líderes, y que siempre contrastan mucho con los beneficios que se reciben solo por la gracia, son en el fondo un fruto de la gracia tan grande como el propio perdón de los pecados. El apóstol más santo solo puede afirmar que él es un siervo inútil. Los propios ángeles existen por la pura bondad de Dios. Ninguna criatura puede "ganar" nada, según el significado habitual de la palabra. Todas las cosas existen por la bondad soberana de Dios.

Lady Juliana lo resumió singularmente cuando escribió: "Honra más a Dios, y también le complace más, que oremos fielmente a Él por su bondad y nos aferremos a Él por su gracia y con verdadero entendimiento, estando firmes en el amor, que si usáramos todos los medios que pueda imaginar el corazón. Porque si tomásemos todos esos medios, daríamos a Dios un honor demasiado escaso. Pero en su bondad está el todo, y nada falta... La oración más elevada es la que alaba a Dios por su bondad, y surge de la parte más profunda de nuestra necesidad".

Sin embargo, a pesar de toda la bondad divina hacia nosotros, no puede concedernos los deseos de nuestro corazón hasta que todos ellos se hayan reducido a uno solo. Cuando hayamos superado nuestras ambiciones carnales, cuando hayamos pisado al león y a la víbora de la carne, hayamos puesto bajo nuestros pies al dragón del amor por uno mismo y nos consideremos realmente muertos al pecado, entonces, y solo entonces, podrá Dios levantarnos a una vida nueva y llenarnos con su bendito Espíritu Santo.

Es fácil aprender la doctrina del avivamiento personal y la vida de victoria; otra cosa muy distinta es tomar nuestra cruz y avanzar penosamente por la colina oscura y amarga de la renuncia a nosotros mismos. Aquí muchos son los llamados y pocos los escogidos. Por cada persona que entra en la Tierra Prometida, hay muchos que se quedan en la orilla un tiempo, mirando con anhelo al otro lado del río, y luego dan media vuelta, tristes, para vivir en la seguridad comparativa de los páramos arenosos de la vida vieja.

No, las oraciones de madrugada no tienen un mérito especial, pero hacen falta una mente seria y un corazón decidido para orar más allá de lo ordinario llegando a lo inusual. La mayoría de los cristianos nunca lo hace. Y es más que posible que esa alma infrecuente que sigue avanzando hasta alcanzar la experiencia inusual llegue a ella pasada la medianoche.

5

Lo erótico frente a lo espiritual

Es posible que el período en el que vivimos ahora pase a la historia con el nombre de la Edad Erótica. El amor sexual se ha convertido en un ídolo. Eros cuenta con más adoradores entre los hombres civilizados modernos que cualquier otro dios. Para millones de personas, lo erótico ha desplazado por completo lo espiritual.

No es difícil entender cómo ha llegado el mundo a semejante estado. Hay factores contribuyentes como la radio y la Internet, que pueden emitir una canción de amor de costa a costa; el cine y la televisión, que permiten que todo un país fije su vista en mujeres sensuales y jóvenes amorosos unidos en un abrazo apasionado (¡y esto en las salas de estar de hogares "cristianos" y frente a la mirada de niños inocentes!); la jornada laboral más corta y el tremendo número de artilugios mecánicos permiten que todo el mundo disponga de más tiempo de ocio. Añadamos a esto la gran cantidad de campañas publicitarias muy bien pensadas que convierten el sexo en el anzuelo apenas oculto para atraer a compradores de todos los productos imaginables; los columnistas degradados que han consagrado sus vidas a la tarea de publicitar a don nadies suaves y provocativos con rostro de ángel y moral de gatos callejeros; los novelistas sin conciencia que se labran una fama dudosa y se enriquecen gracias a la despreciable tarea de extraer la podredumbre literaria de las cloacas de sus almas, para ofrecer entretenimiento a las masas. Estas cosas nos revelan en parte cómo ha alcanzado Eros su triunfo sobre el mundo civilizado.

Ahora bien, si este dios dejase en paz a los cristianos, yo por lo menos dejaría en paz a su religión. Ese caos fungoso y fétido se hundirá algún día por su propio peso, convirtiéndose en excelente combustible para los fuegos del infierno, una recompensa justa que merece, y a nosotros nos toca compadecernos de aquellos que hayan sido atrapados en su trágico hundimiento. Si las cosas fueran ligeramente distintas a como son, las lágrimas y el silencio serían mejor que las palabras. Pero la religión de Eros está afectando gravemente a la iglesia. La religión pura de Cristo que fluye como un río cristalino del corazón de Dios se ve contaminada por las aguas sucias que manan de detrás de los altares de la abominación que aparecen en lo alto de cada colina y bajo cada árbol verde, desde un extremo a otro del mundo.

El amor sexual se ha convertido en un ídolo.

La influencia del espíritu erótico se siente prácticamente en cualquier lugar dentro de los círculos evangélicos. Buena parte de las canciones en determinados tipos de reuniones tienen más de romance en su contenido que de Espíritu Santo. Tanto la letra como la música están pensadas para incitar a la lascivia. A Cristo se le trata con una familiaridad que revela una ignorancia absoluta de quién es Él. No es la intimidad reverente del santo adorador, sino la familiaridad descarada del amante carnal.

La ficción religiosa también aprovecha el sexo para interesar al público lector, y la excusa endeble es que, si el romance y la religión se combinan en un relato, la persona media que no leería jamás un libro puramente religioso leerá esa novela y así se verá expuesta al evangelio. Dejando a un lado el hecho de que la mayoría de los novelistas religiosos modernos son aficionados, apenas uno de los cuales es capaz de escribir una sola línea de buena literatura, el concepto que está detrás de la novela romántico-religiosa es absurdo. Los impulsos libidinosos y la incitación dulce y profunda del Espíritu Santo son diametralmente opuestos. Pensar que Eros puede ser un ayudante del Señor de la gloria es escandaloso. La película "cristiana" que intenta atraer a los espectadores con imágenes de escenas románticas que usa en su publicidad, traiciona totalmente la religión de Cristo. Solo engañará a los ciegos espirituales.

Los impulsos libidinosos y la incitación dulce y profunda del Espíritu Santo son diametralmente opuestos.

La moda actual de la belleza física y la personalidad deslumbrante en el fomento de la religión es una manifestación más de la influencia del espíritu romántico en la iglesia. Los movimientos rítmicos, la sonrisa sintética y la voz alegre, demasiado alegre, traicionan al mundano religioso. Ha aprendido esa técnica en la pantalla del televisor, pero no la ha aprendido lo bastante bien como para tener éxito en el terreno profesional, de modo que lleva su inepta producción al lugar santo y la vende a los cristianos enfermizos y subdesarrollados que buscan algo con qué entretenerse, pero sin salirse de los límites de las costumbres religiosas modernas.

Si a alguien le parece que soy demasiado severo, que recuerde que esto no va dirigido contra ningún individuo en concreto. Por las personas perdidas de este mundo solo siento una gran compasión y el deseo de que todas lleguen al arrepentimiento. Por los cristianos cuyo liderazgo vigoroso pero equivocado ha apartado a la iglesia del altar de Jehová llevándolos a los altares del error, siento un amor y una simpatía genuinos. Quiero ser el último en herirles y el primero en perdonarles, recordando mis pecados pasados y mi necesidad de misericordia, así como mi propia debilidad y mi tendencia natural hacia el pecado y el error. El asna de Balaam fue el instrumento con que Dios reprendió a un profeta. Eso quiere decir seguramente que, cuando Dios desea advertir y exhortar a su pueblo, no requiere que el instrumento que usa sea perfecto.

Cuando las ovejas de Dios corren peligro, el pastor no debe contemplar las estrellas y meditar sobre temas "inspiradores". Tiene la obligación moral de agarrar su arma y correr en defensa de los suyos. Cuando las circunstancias lo exigen, el amor puede usar la espada, aunque por su naturaleza prefiere vendar el corazón roto y ministrar a los heridos. Es hora de que el profeta y el vidente se hagan oír y sentir de nuevo. Durante las tres últimas décadas, la timidez disfrazada de humildad se ha agazapado en un rincón mientras la calidad espiritual del cristianismo evangélico empeoraba año tras año. *¿Hasta cuándo, Señor, hasta cuándo?*

6

Para vivir como es correcto debemos pensar adecuadamente

¿Qué somos o en qué nos convertiremos pronto? En lo que pensamos cuando tenemos la libertad de pensar en lo que queramos.

La Biblia tiene mucho que decir sobre nuestros pensamientos; el movimiento evangélico moderno no tiene prácticamente nada que decir sobre ellos. El motivo de que la Biblia diga tantas cosas sobre el tema es que nuestros pensamientos tienen una importancia vital para nosotros; el motivo de que el movimiento evangélico diga tan poco es que hemos reaccionado de una manera exagerada a las religiones del "pensamiento", como el Nuevo Pensamiento, la Unidad, la Ciencia Cristiana y demás. Estas religiones hacen que nuestros pensamientos sean prácticamente el todo, y nosotros reaccionamos convirtiéndolos casi en nada. Ambas posturas están equivocadas.

Nuestros pensamientos voluntarios no solo revelan qué somos, sino que predicen lo que seremos. Aparte de aquella conducta que nace de nuestros instintos naturales básicos, toda conducta consciente va precedida por nuestros pensamientos y nace de ellos. La voluntad puede convertirse en un siervo de los pensamientos, y en gran medida incluso nuestras emociones siguen a nuestro pensamiento. El ciudadano medio lo expresa diciendo: "Cuanto más pienso en ello más furioso me pongo", y al hacerlo no solo refleja con precisión sus propios procesos mentales, sino que ofrece un tributo inconsciente al poder del pensamiento. El pensamiento estimula el sentimiento, que a su vez induce a la acción. Así es como estamos hechos, y más vale que lo aceptemos.

Nuestros pensamientos voluntarios no solo revelan qué somos, sino que predicen lo que seremos.

Los Salmos y los libros proféticos contienen numerosas referencias al poder que tiene pensar adecuadamente para fomentar el sentimiento religioso y provocar una buena conducta. "Consideré mis caminos, y volví mis pies a tus testimonios" (Sal. 119:59). "Se enardeció mi corazón dentro de mí; en mi meditación se encendió fuego, y así proferí con mi lengua" (Sal. 39:3). Una y otra vez los escritores del Antiguo Testamento nos exhortan a guardar silencio y a pensar en cosas santas y sublimes como acto preliminar para corregir nuestra vida, hacer una buena obra o un acto de valor.

El Antiguo Testamento no es el único que habla sobre el poder del pensamiento humano que nos ha dado Dios. Cristo enseñó que los hombres se corrompen con malos pensamientos, e incluso llegó hasta el punto de equiparar un pensamiento con una acción: "Pero yo os digo que cualquiera que mira a una mujer para codiciarla, ya adulteró con ella en su corazón" (Mt. 5:28). Pablo recitó toda una lista de relucientes virtudes y ordenó: "en esto pensad" (Fil. 4:8).

Estas citas son solo cuatro de los cientos que podríamos sacar de las Escrituras. Pensar en Dios y en las cosas santas crea un clima moral favorable al crecimiento de la fe, el amor, la humildad y la reverencia. Mediante el pensamiento no podemos regenerar nuestros corazones, limpiar nuestros pecados o quitarle las manchas a un leopardo. Mediante el pensamiento tampoco podemos añadir un solo palmo a nuestra estatura, convertir el mal en bien o la oscuridad en luz. De modo que enseñar esto es tergiversar una verdad de las Escrituras y usarla para nuestra propia ruina. Pero mediante el pensamiento inspirado por el Espíritu podemos convertir nuestras mentes en santuarios puros en los que Dios se complazca en habitar.

En un párrafo anterior mencioné nuestros "pensamientos voluntarios", y usé esas palabras después de considerarlo mucho. A lo largo de nuestro viaje por este mundo malo y hostil, nos impondrán muchos pensamientos que no nos gustan y por los que no sentiremos afinidad moral. La necesidad de ganarnos la vida puede obligarnos, durante días y días, a tener pensamientos que no elevan nuestras almas. El conocimiento ordinario de lo que hacen nuestros congéneres humanos nos traerá a la mente pensamientos repulsivos para nuestra alma cristiana. Estos no deben afectarnos mucho. No somos responsables de ellos y pueden pasar por nuestras mentes como un pájaro por el aire, sin dejar ni rastro. No tienen un efecto duradero en nosotros, porque no son nuestros. Son invasores no bienvenidos, que no queremos y de los que nos libramos tan pronto como sea posible.

La voluntad puede y debe ser quien controle nuestros pensamientos.

Todo aquel que desee evaluar su propio estado espiritual puede hacerlo meditando sobre cuáles han sido sus pensamientos voluntarios durante las últimas horas o días. ¿Qué ha pensado cuando ha tenido la libertad de pensar en lo que quería? ¿Hacia qué se ha movido su corazón cuando gozaba de libertad para elegir su destino? Cuando soltaron el ave del pensamiento, ¿voló como el cuervo a posarse sobre cadáveres flotantes, o al igual que la paloma describió unos círculos y volvió al arca de Dios? Es una prueba fácil de hacer y, si somos sinceros con nosotros mismos, podremos descubrir no solo lo que somos sino lo que seremos en el futuro. Pronto seremos la suma de nuestros pensamientos voluntarios.

Si bien es cierto que nuestros pensamientos agitan nuestros sentimientos, y por lo tanto influyen poderosamente en nuestra voluntad, también lo es que la voluntad puede y debe ser quien controle nuestros pensamientos. Toda persona normal puede decidir en qué pensará. Por supuesto, el hombre atribulado o tentado sentirá que le cuesta bastante controlar sus pensamientos, y que incluso cuando se concentra en un objeto digno, por su mente pueden cruzar pensamientos fugitivos, como los relámpagos de calor en una tarde de verano. Es muy probable que tales pensamientos sean más molestos que nocivos, y a largo plazo no suponen una gran diferencia en uno u otro sentido.

La mejor manera de controlar nuestros pensamientos es ofrecer a Dios nuestra mente con una entrega absoluta. El Espíritu Santo la aceptará y tomará el control de ella inmediatamente. Entonces será relativamente fácil pensar en cosas espirituales, sobre todo si entrenamos nuestro pensamiento mediante largos períodos cotidianos de oración. La práctica prolongada del arte de la oración mental (es decir, hablar con Dios en silencio mientras trabajamos o viajamos) contribuirá a crear el hábito del pensamiento santo.

7

LA FE SE ATREVE A FRACASAR

En este mundo se juzga a las personas por su capacidad de hacer cosas.

Se les evalúa en función de la distancia que han recorrido subiendo la colina del éxito. Al pie de ella tenemos el fracaso absoluto, en su cima el éxito total, y entre esos dos extremos la mayoría de personas civilizadas se esfuerzan y se fatigan desde la juventud a la vejez.

Unos cuantos abandonan, resbalan hasta abajo y se convierten en habitantes de los barrios bajos. Allí, habiendo perdido la ambición y con la voluntad rota, subsisten a base de donativos hasta que la naturaleza les cancela el alquiler y la muerte se los lleva.

En la cima se encuentran esos pocos que, gracias a una combinación de talento, trabajo duro y buena suerte, se las arreglan para llegar a lo más alto y alcanzar todos los lujos, la fama y el poder que se encuentran allí.

Pero todo esto no da la felicidad. El esfuerzo para tener éxito sobrecarga los nervios. La preocupación excesiva por el intento de ganar limita la mente, endurece el corazón y excluye mil visiones brillantes que la persona podría disfrutar si dispusiera de tiempo libre para hacerlo.

El hombre que llega a la cima raras veces es feliz durante mucho tiempo. Pronto se lo come el temor a resbalar un peldaño y verse obligado a ceder su sitio a otro. Vemos ejemplos de esto en la manera tan febril en que las estrellas de la televisión vigilan su audiencia y los políticos, su correo.

Si le decimos a un político que según una encuesta es un dos por ciento menos popular en agosto de lo que era en marzo, empezará a sufrir como un hombre al que llevan a la cárcel. El deportista vive pendiente de sus puntuaciones, el hombre de negocios de la gráfica ascendente, y la estrella de conciertos del medidor de aplausos. Pasa a menudo que un aspirante que suba al ring acabe llorando abiertamente cuando no logra noquear al campeón. Ser el segundo en la lista lo deja totalmente desconsolado; para ser feliz debe ser el primero.

Esta manía de tener éxito es algo bueno que se ha corrompido. El deseo de cumplir el propósito para el que fuimos creados es, sin duda, un don de Dios, pero el pecado ha retorcido este impulso y lo ha convertido en el afán egoísta de ocupar el primer lugar y recibir los máximos honores. Debido a ese impulso, el mundo de la humanidad avanza a toda máquina como si lo empujase un demonio, y no hay escapatoria.

Cuando venimos a Cristo entramos en un mundo distinto. El Nuevo Testamento nos expone una filosofía espiritual infinitamente superior y totalmente contraria a la que motiva al mundo. Según la enseñanza de Cristo, los pobres en espíritu son bienaventurados; los mansos heredan la tierra; los primeros son los últimos y los últimos los primeros; el hombre más importante es el que mejor sirve a otros; aquel que lo pierde todo es el único que al final lo tendrá todo; el hombre de éxito en este mundo verá cómo la tormenta del juicio le arrebata los tesoros que había acaparado; el mendigo justo va al seno de Abraham, mientras que el rico arde en el fuego del infierno.

Nadie es digno de tener éxito a menos que esté dispuesto a fracasar.

Nuestro Señor murió siendo en apariencia un fracasado, desacreditado por los líderes de la religión establecida, rechazado por la sociedad y abandonado por sus amigos. El hombre que ordenó que lo llevasen a la cruz era el estadista de éxito cuya mano besaba el político listo y ambicioso. Hizo falta la resurrección para demostrar cuán gloriosamente había triunfado Cristo y cuán trágicamente había fracasado el gobernador.

Sin embargo, hoy día parece que la iglesia no ha aprendido nada. Seguimos viendo como ven los hombres, y juzgando con el juicio de las personas. ¿Cuántas obras religiosas afanosas se hacen motivados por el deseo carnal de tener éxito? ¿Cuántas horas de oración se desperdician rogando a Dios que bendiga proyectos que están destinados a glorificar a hombres pequeños? ¿Cuánto dinero sagrado se destina a hombres que, a pesar de los ruegos que hacen con voz quebrada, lo único que intentan es quedar bien según la carne?

El verdadero cristiano debe apartarse de todo esto. Sobre todo, los ministros del evangelio deberían examinar sus propios corazones y profundizar en sus motivos interiores. Nadie es digno de tener éxito a menos que esté dispuesto a fracasar. Nadie es moralmente digno de obtener el éxito en las actividades religiosas a menos que esté dispuesto a que el honor que comportará alcanzarlo recaiga sobre otro si Dios así lo decide.

Dios puede permitir que su siervo tenga éxito cuando Él lo haya disciplinado hasta el punto en que el servidor no necesita el éxito para ser feliz. El hombre que se siente entusiasmado con el éxito y destrozado por el fracaso sigue siendo un hombre carnal. En el mejor de los casos, su fruto tendrá dentro un gusano.

Dios permitirá a su siervo triunfar cuando este haya aprendido que el éxito no hace que Dios le ame más ni que tenga mayor valor en el sistema global de la vida. No podemos comprar el favor de Dios con multitudes, conversos, nuevos misioneros enviados al mundo o número de Biblias distribuidas. Todas estas cosas se pueden conseguir sin la ayuda del Espíritu Santo. Lo único que necesita un hombre para tener éxito en los círculos religiosos actuales es una buena personalidad y un agudo conocimiento de la naturaleza humana.

Nuestro gran honor es ser precisamente lo que fue Jesús y lo que es hoy. Ser aceptados por aquellos que le aceptan, rechazados por todos los que le rechazan, amados por quienes le aman y odiados por aquellos que le odian. ¿Qué mayor gloria puede recibir un hombre?

Podemos permitirnos seguir al Señor al fracaso. La fe se atreve a fracasar. La resurrección y el juicio demostrarán ante todos los mundos quién ganó y quién perdió. Podemos esperar.

8

El valor de una imaginación santificada

Como cualquier otra de nuestras capacidades, la imaginación puede ser una bendición o una maldición, dependiendo de cómo la usemos y de hasta qué punto la disciplinemos.

Todos tenemos, en diversos grados, la capacidad de imaginar. Este don nos permite ver significados en los objetos materiales, observar similitudes entre cosas que al principio parece que no tienen nada que ver entre sí. Nos permite saber lo que los otros sentidos no pueden decirnos nunca, porque con ella podemos trascender las impresiones sensoriales llegando a la realidad que está por detrás de las cosas.

Todo progreso que ha hecho la humanidad en cualquier campo empezó siendo una idea que en aquel momento no estaba relacionada con nada más. Sencillamente, la mente del inventor tomó fragmentos de ideas familiares y con ellos creó algo que no solo era totalmente desconocido, sino que hasta aquel instante había sido inexistente. Así "creamos" cosas y, al hacerlo, demostramos que hemos sido hechos a imagen del Creador. El hecho de que el hombre caído haya usado a menudo su capacidad creativa para servir al mal no invalida nuestro argumento. Todo talento se puede usar para el mal o para el bien, pero aun así cada talento procede de Dios.

Hay algunas personas que, equivocadamente, han confundido la palabra "imaginativo" con "imaginario" y que pueden negar quizá que la imaginación tiene un gran valor como instrumento de Dios.

El evangelio de Jesucristo no tiene nada que ver con cosas imaginarias. La Biblia es el libro más realista del mundo. Dios es real, los hombres son reales, y también lo es el pecado, la muerte y el infierno, al que conduce inevitablemente el pecado. La presencia de Dios no es imaginaria, y la oración no es el capricho de una fantasía. Los objetos que llaman la atención de la persona que ora, aunque no son materiales, aun así son totalmente reales; al final hay que admitir que son más reales que cualquier objeto terrenal.

Todo talento se puede usar para el mal o para el bien.

El valor de la imaginación santificada en la esfera de la religión radica en la capacidad que nos da de percibir sombras de cosas espirituales en las cosas naturales. Permite al hombre reverente...

Ver el mundo en un grano de arena
y la eternidad en una hora.

La debilidad de los fariseos en la antigüedad era su falta de imaginación o, lo que es lo mismo, su negativa a permitirle la entrada en el campo de la religión. El fariseo veía un texto con una definición teológica celosamente protegida, y no lograba ver nada más allá.

Una prímula en la orilla del río,
una prímula amarilla era para él,
y no era nada más.

Cuando Cristo llegó con su deslumbrante agudeza espiritual y su penetrante sensibilidad moral, a los fariseos les pareció que era un devoto de otro tipo de religión, lo cual era en realidad si el mundo hubiera logrado entenderlo. Podía captar el alma del texto, mientras que el fariseo solo veía su forma, y siempre podía afirmar que Cristo se equivocaba señalando la letra de la ley o una interpretación reverenciada por la tradición. El abismo entre ambas posturas era demasiado ancho como para permitir que coexistieran; de modo que los fariseos, que estaban en posición de hacerlo, mandaron ejecutar al joven Vidente. Así ha sido siempre, y supongo que lo será hasta que la tierra esté llena del conocimiento del Señor "como las aguas cubren el mar" (ver Hab. 2:14).

El evangelio de Jesucristo no tiene nada que ver con cosas imaginarias.

La imaginación, siendo como es una facultad de la mente natural, debe resentirse inevitablemente de sus límites intrínsecos y de su tendencia inherente al mal. Aunque la palabra *imaginación*, tal como la encontramos en las versiones de la Biblia, no se refiere en absoluto a la imaginación sino meramente a los razonamientos de los hombres pecadores, aun así, no escribo para justificar la imaginación no santificada. Sé bien que de ella han manado, como si fuera una fuente contaminada, arroyos de ideas malignas que, con el paso de los años, han llevado a los seres humanos a manifestar una conducta rebelde y destructiva.

Sin embargo, la imaginación purificada y controlada por el Espíritu es algo muy diferente, y es el concepto que tengo en mente al escribir esto. Anhelo ver cómo la imaginación se libera de sus cadenas y recupera el lugar que le corresponde entre los hijos de la nueva creación. Lo que intento describir aquí es el don sagrado de la visión, la capacidad de mirar más allá del velo y observar asombrados las bellezas y los misterios de las cosas santas y eternas.

La embotada mente terrenal no beneficia a la cristiandad. Si permitimos que esta domine a la iglesia el tiempo suficiente, la obligará a seguir una de entre dos direcciones: o hacia el liberalismo, donde hallará alivio en una libertad falsa, o hacia el mundo, donde encontrará un placer satisfactorio pero mortal.

Pero me pregunto si todo esto no está contenido ya en las palabras de nuestro Señor tal como aparecen en el Evangelio de Juan: "Pero cuando venga el Espíritu de verdad, él os guiará a toda la verdad; porque no hablará por su propia cuenta, sino que hablará todo lo que oyere, y os hará saber las cosas que habrán de venir. Él me glorificará; porque tomará de lo mío, y os lo hará saber" (Jn. 16:13-14).

Tener una mente en la que habita el Espíritu es el privilegio del cristiano bajo la gracia, y esto abarca todo lo que he intentado decir aquí.

9

LA CERCANÍA ES SEMEJANZA

Un problema grave que angustia a muchos cristianos es sentir que Dios está lejos de ellos o, lo que es lo mismo, que ellos están lejos de Dios.

Es difícil gozarse en el Señor cuando padecemos esta sensación de lejanía. Es como intentar disfrutar de un verano cálido y luminoso sin el sol. Por supuesto, el verdadero problema en este caso no es intelectual, y no se puede arreglar con medios intelectuales; sin embargo, la verdad debe penetrar en la mente antes de que lo haga en el corazón, de modo que razonemos juntos sobre este tema. Para pensar correctamente en los asuntos espirituales tenemos que descartar osadamente el concepto del espacio. Dios es espíritu, y el espíritu no habita en el espacio. El espacio tiene que ver con la materia, y el espíritu es independiente de ella. Gracias al concepto del espacio explicamos la relación que mantienen entre sí los cuerpos materiales.

Nunca debemos pensar que Dios está cerca o lejos en términos espaciales, porque no está aquí ni allí, sino que lleva en su ser el aquí y el allí. El espacio no es infinito, como algunos han pensado; solo Dios es infinito, y en su infinitud contiene todo el espacio. "¿No lleno yo, dice Jehová, el cielo y la tierra?" (Jer. 23:24). Él llena los cielos y la tierra como el océano llena el cubo que sumergimos en él, y Dios rodea el universo como lo hace el mar con el cubo. "He aquí que los cielos, los cielos de los cielos, no te pueden contener" (1 R. 8:27). Dios no está contenido, sino que contiene.

Como somos criaturas nacidas en la Tierra, por naturaleza tendemos a pensar usando analogías terrenales. "El que de arriba viene, es sobre todos; el que es de la tierra, es terrenal, y cosas terrenales habla" (Jn. 3:31). Dios nos creó como almas vivas y nos dio unos cuerpos por medio de los cuales podemos experimentar el mundo que nos rodea y comunicarnos unos con otros. Cuando el ser humano cayó debido al pecado, empezó a pensar que tenía un alma en lugar de creer que es un alma. Supone una gran diferencia si un hombre cree que es un cuerpo que tiene alma o un alma que tiene cuerpo.

Nunca debemos pensar que Dios está cerca o lejos en términos espaciales, porque no está aquí ni allí, sino que lleva en su ser el aquí y el allí.

El alma es interna y está oculta, mientras que el cuerpo está siempre presente a los sentidos; por lo tanto, tendemos a ser conscientes del cuerpo, y los conceptos de cercano y lejano, que se apegan a las cosas materiales, nos parecen bastante naturales. Pero solo son válidos cuando se aplican a las criaturas morales. Cuando intentamos aplicarlos a Dios, ya no conservan su validez.

Sin embargo, cuando decimos que una persona está "lejos" de Dios decimos la verdad. El Señor dijo, hablando de Israel: "su corazón está lejos de mí" (Mt. 15:8), y allí encontramos la definición de "lejano" y "cercano" en nuestra relación con Dios. Estos adjetivos no se refieren a la distancia física, sino a la semejanza.

Las Escrituras enseñan claramente que Dios está igual de cerca a todas las partes de su universo (ver Sal. 139:1-18), pero algunos seres experimentan su cercanía y otros no, dependiendo de su semejanza moral a Él. Es la desemejanza lo que crea esa sensación de lejanía entre las criaturas y entre los hombres y Dios.

Dos criaturas pueden estar tan cerca una de la otra que se toquen, pero debido a la falta de semejanza entre sus naturalezas estar a millones de kilómetros una de la otra. Es concebible que un ángel y un mono estén en la misma habitación, pero la diferencia radical entre sus naturalezas haría imposible la comunión entre ellos. En la práctica, estarían "lejos" el uno del otro.

La Biblia tiene una palabra para la diferencia moral entre el ser humano y Dios, *alienación*, y cuando el Espíritu Santo actúa sobre el carácter humano expone una imagen terrible de esta alienación. La naturaleza humana caída es directamente opuesta a la naturaleza de Dios como se revela en Jesucristo. Dado que no hay semejanza moral no hay comunión, y de aquí se desprende la sensación de distancia física, la sensación de que Dios está alejado en el espacio. Este concepto erróneo quita el deseo de orar y evita que muchos pecadores crean para vida.

Pablo animó a los atenienses recordándoles que Dios no estaba lejos de ninguno de ellos, que en Él ellos vivían, se movían y eran (ver Hch. 17:27-28). No obstante, los hombres creen que Dios está más lejos de ellos que la estrella más distante. La verdad es que Dios está más cerca de nosotros de lo que lo estamos nosotros mismos.

Pero ¿cómo puede el pecador consciente salvar ese enorme abismo que le separa de Dios en la experiencia cotidiana? La respuesta es que no puede hacerlo, pero la gloria del mensaje cristiano es que Cristo lo hizo. Por medio de la sangre de su cruz, hizo la paz para poder reconciliar todas las cosas consigo mismo. "Y a vosotros también, que erais en otro tiempo extraños y enemigos en vuestra mente, haciendo malas obras, ahora os ha reconciliado en su cuerpo de carne, por medio de la muerte, para presentaros santos y sin mancha e irreprensibles delante de él" (Col. 1:21-22).

El nuevo nacimiento nos hace partícipes de la naturaleza divina. Allí es donde comienza la obra de acabar con la disimilitud entre Dios y nosotros. Desde ese punto progresa mediante la operación santificadora del Espíritu Santo hasta que Dios está satisfecho.

Dios está más cerca de nosotros de lo que lo estamos nosotros mismos.

Esta es la explicación teológica pero, como dije antes, incluso el alma regenerada padecerá a veces la sensación de que Dios está lejos de ella. ¿Qué debería hacer entonces?

Primero, es posible que el problema no sea más que una ruptura temporal en la comunión consciente con Dios, debido a una de entre muchísimas causas. La cura es la fe. Confía en Dios hasta que vuelva la luz.

Segundo, si la sensación de distancia persiste a pesar de la oración y de lo que consideras fe, busca en tu vida interior evidencias de actitudes incorrectas, malos pensamientos o defectos de tu disposición. Tales cosas se diferencian de Dios, y abren un abismo psicológico entre tú y él. Aparta de ti el mal, cree, y recuperarás la sensación de cercanía. Dios nunca estuvo lejos de ti.

10

Por qué somos tibios respecto al regreso de Cristo

Poco después de que acabase la Primera Guerra Mundial, escuché a un notable predicador del sur que dijo que le daba miedo que el gran interés que sentía la gente en aquella época por la profecía condujera a la muerte de la bendita esperanza cuando los acontecimientos demostraran que los emocionados intérpretes se habían equivocado.

Aquel hombre era un profeta, o al menos un estudioso muy astuto de la naturaleza humana, porque lo que ha sucedido es exactamente lo que él predijo. Hoy día, entre los evangélicos, la esperanza de la venida de Cristo está prácticamente muerta.

La teología fundamentalista popular ha enfatizado la utilidad de la cruz en lugar de la belleza de Aquel que murió en ella.

No quiero decir que los cristianos bíblicos hayan renunciado a la doctrina de la Segunda Venida. En absoluto. Como sabe cualquier persona bien informada, se ha producido cierto reajuste de los presupuestos menores de nuestro credo profético, pero la inmensa mayoría de evangélicos sigue creyendo que Jesucristo volverá algún día a la Tierra en persona. Aceptan el triunfo último de Cristo como una de las doctrinas inconmovibles de las Sagradas Escrituras.

Es cierto que en algunos sectores se explican en ocasiones las profecías bíblicas. Esto suele pasar sobre todo entre los cristianos hebreos que, por motivos muy comprensibles, parecen sentirse más cerca de los profetas del Antiguo Testamento que los creyentes gentiles. Como es natural, el amor que sienten por su propio pueblo les lleva a aferrarse a toda esperanza de la conversión y la restauración última de Israel. Para muchos de ellos el regreso de Cristo representa una solución rápida y feliz para "el problema judío". Los largos siglos de peregrinaje acabarán cuando venga Jesús, y en aquel momento Dios restaurará "el reino a Israel" (Hch. 1:6). No permitamos que nuestro profundo amor por nuestros hermanos cristianos hebreos nos ciegue ante las implicaciones claramente políticas de este aspecto de su esperanza mesiánica. No los culpamos por ello; simplemente llamamos la atención sobre este hecho.

No obstante, el regreso de Cristo como bendita esperanza, como he dicho, está casi muerto entre nosotros. La verdad sobre la Segunda Venida, siempre que se expone hoy, es en su mayor parte académica o política. El gozoso elemento personal ha desaparecido. ¿Dónde están aquellos que

Anhelan la señal, oh Cristo, del cumplimiento,
desmayan por el fulgor de tus pies que regresan?

El anhelo de ver a Cristo que ardía en los pechos de aquellos primeros cristianos parece haberse extinguido. Lo único que nos queda son las cenizas. Son precisamente el "anhelo" y el "desmayo" por el regreso de Cristo los que han distinguido entre la esperanza personal y la teológica. El mero conocimiento de la doctrina correcta es un mal sustituto de Cristo, y la familiaridad con la escatología del Nuevo Testamento nunca sustituirá al deseo de ver el rostro de Cristo, un deseo alentado por el amor.

Si hoy ha desaparecido el tierno anhelo de la esperanza de la Segunda Venida, debe haber un motivo para ello; y creo que sé cuál es, o cuáles son, porque hay varios. Uno es, sencillamente, que la teología fundamentalista popular ha enfatizado la utilidad de la cruz en lugar de la belleza de Aquel que murió en ella. La relación con Cristo del hombre salvo se ha convertido en un contrato en lugar de ser algo personal. La *obra* de Cristo se ha enfatizado hasta el punto de eclipsar a su *persona*. Hemos permitido que la sustitución desbanque a la identificación. Parece que lo que Él hizo por mí es más importante que lo que Él es para mi vida. La redención se entiende como una transacción informal que "aceptamos", y que carece de contenido emocional. Debemos amar mucho a alguien para permanecer despiertos y anhelar su venida, y quizá eso explique la ausencia de poder en la esperanza de la Segunda Venida, incluso entre aquellos que aún creen en ella.

El mero conocimiento de la doctrina correcta es un mal sustituto de Cristo.

Otra razón para la ausencia de un deseo genuino por el regreso de Cristo es que los cristianos están tan cómodos en este mundo que no les apetece mucho abandonarlo. Para los líderes que marcan el ritmo de la religión y determinan su contenido y su calidad, el cristianismo se ha convertido últimamente en algo muy lucrativo. Las calles de oro no tienen mucho atractivo para aquellos a quienes les resulta tan fácil amontonar oro y plata cuando sirven al Señor en este mundo. Todos queremos reservar la esperanza del cielo como una especie de seguro contra la muerte, pero mientras tengamos salud y estemos cómodos, ¿por qué cambiar lo bueno conocido por algo de lo que en realidad sabemos tan poco? Así es como razona la mente carnal, y tan sutilmente que apenas nos damos cuenta.

Una vez más, en esta época la religión se ha convertido en la gran diversión de la que disfrutamos en este mundo presente, y además, ¿qué prisa hay para llegar al cielo a fin de cuentas? El cristianismo, contrariamente a lo que han pensado algunos, es otra forma de ocio más elevada. Cristo ha llevado todos los sufrimientos. Ha derramado todas las lágrimas y ha cargado con todas las cruces; nosotros solo tenemos que disfrutar de los beneficios de su quebrantamiento bajo la forma de placeres religiosos modelados conforme al mundo, pero predicados en nombre de Jesús. Eso dicen las mismas personas que afirman creer en la segunda venida de Cristo.

La historia nos revela que las épocas de sufrimiento para la iglesia han sido también momentos en que sus miembros miraron a lo alto. La tribulación siempre ha vuelto más sobrio al pueblo de Dios, animando a sus miembros a esperar y anhelar el regreso de su Señor. Nuestra preocupación actual por este mundo puede ser una advertencia de días amargos futuros. Algún día, Dios nos desarraigará de este mundo, si es posible de la manera más delicada, pero si no, por las malas. Depende de nosotros.

11

Dios habla a quien le busca

La Biblia fue escrita con lágrimas, y ofrece sus mejores tesoros a quienes lloran. Dios no tiene nada que decir al hombre frívolo.

Fue a Moisés, un hombre tembloroso, a quien Dios habló en el monte y, más adelante, ese mismo hombre salvó a la nación cuando se postró delante de Dios proponiéndole que borrase su nombre del libro de la vida, pero que conservara la vida a Israel. La larga temporada de ayuno y oración de Daniel hicieron que Gabriel descendiese del cielo para revelarle los secretos de los siglos venideros. Cuando el amado Juan lloró porque no se encontraba a nadie digno de abrir el libro de los siete sellos, uno de los ancianos le consoló con la noticia gozosa de que el León de la tribu de Judá había vencido.

Los salmistas a menudo escribieron llorando, los profetas apenas podían ocultar la tribulación de sus corazones, y el apóstol Pablo, en su epístola a los Filipenses, por lo general alegre, se echó a llorar cuando pensó en las muchas personas que eran enemigas de la cruz de Cristo y cuyo fin era la destrucción. Aquellos líderes cristianos que conmovieron al mundo fueron, todos y cada uno, varones de dolores, cuyo testimonio a la humanidad nacía de unos corazones angustiados. Las lágrimas por sí solas no tienen poder, pero las lágrimas y el poder siempre están muy relacionados en la iglesia del Primogénito.

No es tranquilizador pensar que los escritos de los profetas, acosados por la pena, los leen a menudo personas cuyo interés no pasa de ser mera curiosidad, y que nunca han derramado una sola lágrima por los males de este mundo. Les encanta fisgonear en la agenda de los sucesos futuros, olvidando que el propósito de toda la profecía bíblica consiste en prepararnos moral y espiritualmente para la vida venidera.

Dios no tiene nada que decir al hombre frívolo.

La doctrina del regreso de Cristo ha caído en el olvido, al menos en Norteamérica, y hasta el punto en que logro detectarlo, no tiene ningún poder sobre los cristianos que creen en la Biblia y no son líderes. Pueden existir diversos motivos para esto, pero creo que el principal de ellos es la tragedia en la que cayó la verdad profética en el período comprendido entre las dos guerras mundiales, cuando hombres sin lágrimas se propusieron instruirnos en los escritos de los profetas que sí lloraban. El resultado fueron grandes multitudes y grandes ofrendas, hasta que los acontecimientos demostraron que aquellos maestros se habían equivocado en muchos sentidos; entonces se produjo una reacción, y las masas dejaron de interesarse por la profecía. Esta fue una astuta maniobra del diablo, y funcionó muy bien. Debemos asimilar que no podemos manejar descuidadamente las cosas santas sin padecer consecuencias graves.

Otro campo en el que los hombres sin lágrimas nos han hecho un daño incalculable ha sido en la oración por los enfermos. Siempre ha habido hombres reverentes, serios, que consideraban su sagrado deber orar por los enfermos para que estos fueran sanados según la voluntad de Dios. Se decía de Spurgeon que sus oraciones levantaron a más personas enfermas que el buen hacer de cualquier doctor de Londres. Cuando los predicadores sin lágrimas tomaron la doctrina la convirtieron en un negocio lucrativo. Unos hombres refinados y persuasivos recurrieron a excelentes técnicas de venta para obtener fortunas impresionantes por medio de sus campañas. Sus extensas haciendas y sus grandes inversiones financieras demuestran el éxito que han tenido en separar de su dinero a los enfermos y a los que sufren. ¡Y esto en nombre del Varón de dolores que no tuvo dónde reposar su cabeza!

Todo lo que se haga sin corazón se hace en la oscuridad, por bíblico que parezca ser. Según la ley de la compensación justa, el corazón del religioso frívolo se verá destruido por la excesiva luminosidad de la verdad que toca. Al final, los ojos sin lágrimas quedan cegados por la luz que contemplan.

Todo lo que se haga sin corazón se hace en la oscuridad, por bíblico que parezca ser.

Nosotros, que pertenecemos a iglesias no litúrgicas, tendemos a mirar con cierto desdén a las iglesias que siguen un estilo de culto cuidadosamente prescrito, y sin duda que en esos cultos buena parte del contenido no significa nada para el participante medio; no se debe a que esté el culto cuidadosamente reglamentado, sino a que el participante medio es lo que es. Pero he observado que nuestro culto improvisado tan familiar, planificado por el líder veinte minutos antes de empezarlo, a menudo tiende a seguir un orden deshilvanado y pesado, casi tan estandarizado como la misa. Al menos el culto litúrgico es hermoso; el nuestro a menudo no lo es. El suyo se ha ido puliendo cuidadosamente con el paso de los siglos para captar toda la belleza posible, y para que los adoradores conserven un espíritu de reverencia. Con frecuencia el nuestro es una improvisación que no tiene nada que valga la pena. Su supuesta libertad suele no ser en absoluto libertad, sino pura dejadez.

La teoría dice que si el culto no está planificado, el Espíritu Santo obrará con libertad, y eso sería cierto si todos los asistentes fueran reverentes y estuvieran llenos del Espíritu. Pero casi nunca hay orden ni Espíritu, solo una oración rutinaria que, exceptuando variantes mínimas, es la misma semana tras semana, y unos cuantos himnos que ya de entrada no eran gran cosa y que hace mucho tiempo que perdieron todo su sentido debido a la repetición vacía.

En la mayoría de nuestras reuniones apenas queda rastro de un pensamiento reverente, ni reconocimiento de la unidad del cuerpo; hay poca experiencia de la presencia divina, no hay momentos de quietud, ni solemnidad, ni asombro maravillado, ni temor santo. Pero sí que es frecuente que tengamos a un líder de alabanza apagado o muy animado que bromea sin gracia, y que preside y anuncia cada "número" con la misma continuidad radiofónica de siempre, en un intento de darle un poco de cohesión al culto.

La familia cristiana necesita desesperadamente una restauración de la penitencia, la humildad y las lágrimas. Roguemos a Dios que las envíe pronto.

12

El lugar vital de la Iglesia

La máxima expresión de la voluntad de Dios en esta era es la Iglesia que Él compró con su propia sangre. Para que sea válida desde el punto de vista bíblico, cualquier actividad religiosa debe formar parte de la Iglesia. Afirmemos claramente que en esta era no puede haber un servicio aceptable para Dios que no se centre en la Iglesia y surja de ella. Las escuelas bíblicas, las editoriales de tratados, los comités de empresarios cristianos, los seminarios y los numerosos grupos independientes que trabajan en una u otra fase de la religión tienen que evaluarse reverente y valerosamente, porque fuera de la Iglesia carecen de verdadera importancia espiritual.

Según las Escrituras, la Iglesia es el lugar donde habita Dios por medio del Espíritu y, como tal, es el organismo más importante bajo el sol. No es una institución positiva más junto con el hogar, el Estado y la escuela; es la institución más vital de todas, la única que puede afirmar que tiene un origen divino.

El cínico puede preguntar a qué iglesia nos referimos, y puede recordarnos que la iglesia cristiana está tan dividida que es imposible saber cuál es la auténtica, e incluso si existe. Pero no nos preocupa mucho la sonrisa reprimida del escéptico. Como estamos dentro de la Iglesia, seguramente conocemos sus errores tanto como cualquier persona fuera de ella. Y creemos en ella a pesar de los lugares en que se manifiesta en un mundo de tinieblas y de incredulidad.

La Iglesia se encuentra en todos los lugares en los que el Espíritu Santo ha atraído a unas pocas personas que confían en Cristo para su salvación, adoran a Dios en espíritu y no tienen nada que ver con el mundo ni con la carne. Es posible que, por necesidad, sus miembros estén repartidos por la superficie de la Tierra y separados por la distancia y por las circunstancias, pero dentro de cada miembro genuino de la Iglesia late el instinto del hogar y el deseo que sienten las ovejas por el redil y por el pastor. Si les damos ocasión a unos pocos cristianos reales, se reunirán, se organizarán y planificarán reuniones periódicas para orar y adorar. En esas reuniones oirán exposiciones de las Escrituras, partirán el pan de una u otra forma según la sabiduría de que dispongan, e intentarán todo lo posible para extender el evangelio salvador al mundo perdido.

La Iglesia se encuentra en todos los lugares en los que el Espíritu Santo ha atraído a unas pocas personas que confían en Cristo para su salvación.

Tales grupos son células en el Cuerpo de Cristo, y cada uno es una verdadera iglesia, una parte genuina de la Iglesia más amplia. En estas células y por medio de ellas el Espíritu hace su obra en el mundo. Quien se burla de la iglesia local se burla del Cuerpo de Cristo.

La Iglesia aún merece que se la tenga en cuenta. Las puertas del infierno no prevalecerán contra ella.

13

La organización: necesaria y peligrosa

Básicamente, la organización consiste en colocar diversas partes de un todo en una relación tal entre ellas que se pueda alcanzar un objetivo. Puede hacerse por consentimiento o por compulsión, dependiendo de las circunstancias.

En cualquier punto del universo creado, y en toda sociedad humana, es necesario cierto grado de organización. Sin ella no podría haber ciencia, gobierno, unidad familiar, arte, música, literatura, o la actividad creativa del tipo que sea.

La vida exige organización. No existe una vida aparte del medio por el cual se expresa. No puede existir nada independiente de un cuerpo organizado. Solo se encuentra donde hay un cuerpo, una forma en la que habita. Y donde hay cuerpo y forma hay organización. Por ejemplo, un hombre es la suma de sus partes organizadas y coordinadas, y en ellas y por medio de ella recibe expresión el misterio de la vida. Cuando, por el motivo que sea, las partes se desorganizan, la vida se va y el hombre muere.

La sociedad requiere organización. Si los hombres quieren vivir juntos en el mundo, deben organizarse de alguna manera. Esto lo han reconocido los seres humanos en todos los tiempos y lugares, y se aprecia en todos los niveles de la sociedad humana, desde la tribu que vive en la selva hasta el imperio mundial. Idealmente, el objeto del gobierno es alcanzar el orden con unas limitaciones mínimas, permitiendo al mismo tiempo que el individuo disfrute de la máxima libertad.

Todas las personas inteligentes admiten que cierta limitación de la libertad individual es positiva y necesaria; todo el mundo reconoce también que el exceso de limitaciones es malo. El desacuerdo aparece cuando intentamos definir "cierta" y "demasiada". ¿Cuánto es "demasiada"? ¿Y cuánto es "cierta"? Si pudiéramos decidir esto, habría paz entre el Congreso y el Parlamento, el demócrata y el liberal se echarían con el republicano y el conservador, y un niño pequeño los apacentaría.

No puede existir nada independiente de un cuerpo organizado.

La diferencia entre el estado esclavo y el libre solo es de grado. Hasta los países totalitarios disfrutan de cierta libertad, y los ciudadanos de los países libres deben soportar cierto grado de restricción. Lo que decide si un país determinado es esclavo o es libre depende del equilibrio entre ambos factores. Ningún ciudadano informado cree que es totalmente libre. Sabe que su libertad debe estar limitada en parte para beneficio de todos. Lo máximo que puede esperar es que esa limitación sea lo menor posible. A este mínimo de restricción lo llama "libertad", y es tan preciosa que está dispuesto a arriesgar su vida por ella. El mundo occidental libró dos guerras mundiales en veinticinco años para conservar este equilibrio de la libertad, y para escapar de las restricciones más duras que le habrían impuesto el nazismo y el fascismo.

Yo, como escritor cristocéntrico y con un pensamiento orientado a la iglesia, por supuesto lo relaciono todo con la religión cristiana. Tanto ahora como durante muchos años me ha preocupado la tendencia a organizar en exceso la comunidad cristiana, y por este motivo me han acusado de que no creo en la organización. La verdad es distinta.

El hombre que se oponga a toda organización en la iglesia ignora los hechos de la vida. El arte es la belleza organizada; la música es sonido organizado; la filosofía es pensamiento organizado; la ciencia es conocimiento organizado; el Gobierno no es más que la sociedad organizada. ¿Y qué es la verdadera Iglesia de Cristo sino un misterio organizado?

El corazón latente de la Iglesia es la vida; según la frase de Henry Scougal, "la vida de Dios en el alma del hombre". Esta vida, junto con la presencia real de Cristo dentro de ella, hace que la Iglesia sea algo divino, un misterio, un milagro. Sin embargo, sin sustancia, sin forma ni orden, esta vida divina no tendría dónde habitar, ni manera alguna de expresarse a la comunidad.

Si los hombres quieren vivir juntos en el mundo, deben organizarse de alguna manera.

Por este motivo, en el Nuevo Testamento se dice mucho sobre la organización. Las epístolas pastorales de Pablo y sus cartas a los cristianos corintios revelan que el gran apóstol era un organizador. Recordó a Tito que le había dejado en Creta para poner en orden las cosas necesarias, y para nombrar ancianos en cada ciudad (ver Tit. 1:5). Sin duda, esto quiere decir que el apóstol ordenó a Tito imponer cierto tipo de orden en los diversos grupos de creyentes que vivían en la isla, y el orden solo se puede alcanzar por medio de la organización.

Los cristianos han tendido a equivocarse en una de entre varias direcciones posibles porque no han entendido el propósito de la organización o de los peligros que la acompañan si permitimos que escape a nuestro control. Algunos no quieren tener ningún tipo de organización, y por supuesto los resultados son la confusión y el desorden, cosas que nunca pueden ayudar a la humanidad o glorificar a nuestro Señor. Otros sustituyen la organización por la vida, y aunque tienen nombre de vivos están muertos. Otros se enamoran hasta tal punto de normas y reglamentos que los multiplican más allá de todo lo razonable, y pronto dentro de la iglesia se ahoga la espontaneidad y la vida escapa de ella.

Lo que más me preocupa es ese último error. Muchos grupos eclesiales han desaparecido por un exceso de organización, y otros por tener muy poca. Los líderes eclesiales sabios estarán atentos a ambos extremos. Un hombre puede morir por tener una presión sanguínea demasiado baja, tanto como si lo que padece es hipertensión, y da lo mismo cuál de las dos acaba con él. Lo mires como lo mires, está muerto. Lo importante dentro de la organización de la iglesia es descubrir el equilibrio escritural entre los dos extremos, y evitar ambos.

Resulta doloroso ver cómo un grupo feliz de cristianos, nacidos en la sencillez y cohesionados por los vínculos del amor celestial, va perdiendo lentamente su carácter sencillo, empiezan a intentar regular todo dulce impulso del Espíritu y se van muriendo por dentro. Sin embargo, esta es la dirección que han seguido casi todas las denominaciones cristianas a lo largo de la historia y, a pesar de las advertencias que ha hecho el Espíritu Santo y las Escrituras de verdad, es el rumbo que casi todos los grupos eclesiales sigue hoy día.

Algunos no quieren tener ningún tipo de organización, y por supuesto los resultados son la confusión y el desorden.

Si bien existe el riesgo de que nuestros grupos evangélicos modernos padezcan de una falta de organización adecuada, sin duda el verdadero peligro radica en el otro extremo. Las iglesias corren hacia la complejidad como corren los patos hacia el agua. ¿Qué hay detrás de esto?

Primero, creo que este impulso nace de un deseo natural pero carnal por parte de una minoría dotada, que pretende mantener a raya a la mayoría menos dotada y llevarlos a un punto en que no les molesten cuando intenten cumplir sus ambiciones desmedidas. Hay un dicho que se cita a menudo (y a veces mal) que es cierto tanto en la religión como en la política: "El poder tiende a corromper, y el poder absoluto corrompe absolutamente". El anhelo de tener preeminencia es una enfermedad para la que todavía no se ha hallado una cura natural.

Otra causa que subyace en nuestro exceso de organización tan jerárquica y desagradable es el miedo. Las iglesias y las sociedades fundadas por hombres santos parecen incapaces de propagarse en el mismo nivel espiritual más allá de una o dos generaciones. Los padres espirituales no pudieron engendrar a otros que tuvieran un coraje y una fe iguales a las suyas. Los padres contaban con Dios y con nadie más, pero sus descendientes perdieron la visión y recurrieron a métodos y a constituciones para obtener el poder que sus corazones les decían que no tenían. Entonces las normas y los precedentes se endurecen formando una coraza protectora donde el individuo puede refugiarse frente a los problemas. Siempre resulta más sencillo y seguro agachar la cabeza en lugar de salir al campo de batalla.

En todas las facetas de nuestra vida caída sentimos una poderosa atracción gravitacional hacia la complejidad, que nos aleja de las cosas sencillas y reales.

Tras nuestra morbosa tendencia al suicidio espiritual subyace cierto tipo de lamentable inevitabilidad. Solo mediante la visión profética, la oración vigilante y el trabajo duro podemos invertir la tendencia y recuperar la gloria desaparecida.

En el antiguo cementerio que hay cerca de la histórica Plymouth Rock, donde duermen los Padres Peregrinos, hay una losa en la que se han grabado estas solemnes palabras (y cito de memoria): "No renunciemos a la ligera a aquello que nuestros padres consiguieron por tan alto precio".

Nosotros, los evangélicos de mediados de siglo, seremos sabios si aplicamos estas palabras a nuestra propia situación religiosa. Aún somos protestantes. Debemos protestar cuando vemos que otros desechan nuestra libertad religiosa a cambio de cualquier cosa. Estamos perdiendo la libertad sencilla de los primeros cristianos. Uno tras otro vamos cediendo esos derechos que compró para nosotros la sangre del pacto eterno: el derecho a ser nosotros mismos, el derecho de obedecer al Espíritu Santo, el derecho a tener nuestros propios pensamientos, el derecho a hacer lo que queramos con nuestra vida, el derecho a decidir (bajo el control de Dios) qué haremos con nuestro dinero.

Y recuerda que nuestros peligros actuales no vienen de fuera sino de dentro.

14

Las divisiones no siempre son malas

¿Cuándo unirse y cuándo separarse? He aquí la cuestión, y la respuesta correcta necesita la sabiduría de un Salomón.

Algunos solucionan el problema radicalmente: todas las uniones son buenas y todas las divisiones, malas. Es así de fácil. Pero está claro que esta manera tan cómoda de abordar el asunto ignora las lecciones de la historia y pasa por alto algunas de las profundas leyes espirituales por las que se rigen los hombres.

Si los buenos hombres defendiesen las uniones y los malos las divisiones, o viceversa, eso nos simplificaría las cosas. O si se pudiera demostrar que Dios siempre une y el diablo siempre divide, sería fácil saber cómo moverse por este mundo confuso y complicado. Pero las cosas no son así.

Es de sabios dividir lo que habría que dividir y unir lo que debería estar unido. La unión de elementos dispares nunca es buena incluso cuando es posible, como no lo es la división arbitraria de elementos semejantes; y esto es tan cierto de las cosas morales y religiosas como lo es de los temas políticos o científicos.

El primer divisor fue Dios, quien durante la Creación separó la luz de las tinieblas. Esta división marcó el rumbo del modo en que Dios se relacionaría con la naturaleza y con la gracia. La luz y la oscuridad son incompatibles; intentar tener ambas en un mismo lugar al mismo tiempo es un imposible, y acaba sin tenerse ni la una ni la otra, sino más bien penumbra y confusión.

Actualmente, en el mundo de los hombres apenas hay contornos definidos. Somos una raza caída. El pecado ha traído confusión. El trigo crece junto a la cizaña, las ovejas mezcladas con las cabras, las granjas de justos e injustos están una junto a otra en el paisaje, y la misión está al lado del club nocturno.

Es de sabios dividir lo que habría que dividir y unir lo que debería estar unido.

Pero las cosas no siempre serán así. Llega la hora en que las ovejas serán separadas de las cabras y la cizaña del trigo. Dios volverá a dividir la luz de las tinieblas, y todas las cosas se juntarán con las que son iguales. La cizaña irá al fuego junto a otras malas hierbas, y el trigo al granero junto con el trigo. La penumbra se levantará como la niebla, y aparecerán con claridad todos los contornos. Todo el mundo verá que el infierno es el infierno, y el cielo se revelará como el hogar de todos aquellos que llevan la naturaleza del Dios único.

Aguardamos ese momento con paciencia. Entre tanto, para cada uno de nosotros y para la Iglesia en todos los lugares de la sociedad humana en que haga acto de presencia, la pregunta constante y recurrente debe ser: ¿Con qué nos uniremos y de qué nos separaremos? Aquí no tocamos la cuestión de la coexistencia, sino la de la unión y la comunión. El trigo crece en el mismo campo que la cizaña, pero ¿se polinizarán entre sí? Las ovejas pastan cerca de las cabras, pero ¿se cruzarán entre sí? Los injustos y los justos disfrutan de la misma lluvia y de la misma luz del sol, pero ¿olvidarán sus profundas diferencias morales y se casarán unos con otros?

A estas preguntas, la respuesta popular es *sí*. Se defiende la unión por amor a la unión, y todos los hombres son hermanos porque sí. La unidad se anhela con tanta devoción que el precio que hay que pagar por ella nunca es demasiado alto, y nada es lo bastante importante como para que unos estemos separados de otros. Se mata la verdad para ofrecer un banquete en el que se celebran las bodas del cielo y el infierno, y todo para respaldar un concepto de la unidad que no tiene fundamento en la Palabra de Dios.

La iglesia iluminada por el Espíritu no consiente nada de esto. En un mundo caído como el nuestro, la unidad no es un tesoro que hay que conseguir a costa de ceder terreno. La lealtad a Dios, la fidelidad a la verdad y la conservación de una buena conciencia son joyas más preciosas que el oro de Ofir o los diamantes de la mina. Por esas joyas, los hombres han padecido la pérdida de la propiedad, la encarcelación e incluso la muerte; por ellas, incluso en la época moderna, tras diversos velos, los seguidores de Cristo han pagado el último precio definitivo de la devoción y han muerto en silencio, ignorados por un mundo que no ha cantado su valor, pero conocidos para Dios y cerca de su corazón paternal. En aquel día en que se declaren los secretos de todas las almas, aquellos se adelantarán para recibir la recompensa por lo que hicieron estando en el cuerpo. No cabe duda de que esas personas son filósofos más sabios que los seguidores del campamento religioso de la unidad sin sentido, que no tienen el valor de plantarse frente a las modas actuales y que balan pidiendo hermandad solo porque ahora mismo está de moda hacerlo.

Todo el mundo quiere paz, pero es probable que el avivamiento venga después de la espada.

"Divide y vencerás" es el eslogan cínico de los líderes políticos maquiavélicos, pero Satanás también sabe cómo *unir* y vencer. Para poner a una nación de rodillas, el aspirante a dictador tiene que unirla. Mediante llamadas reiteradas al orgullo nacional o a la necesidad de vengar alguna ofensa pasada o presente, el demagogo consigue unir tras él al populacho. Después de eso resulta fácil hacerse con el control del ejército y doblegar la legislatura a su control. Luego se produce una unidad casi perfecta, pero es la unidad de los corrales de matadero y de los campos de concentración. En este siglo ya hemos visto pasar algo así varias veces, y el mundo lo verá al menos una vez más cuando las naciones de este mundo se unan bajo el anticristo.

Cuando un grupo de ovejas confusas se precipita por un acantilado, la oveja individual solo se puede salvar si se aparta del rebaño. En esos momentos la unidad perfecta solo puede suponer la destrucción total para todos. Para salvar su propia vida, la oveja sabia se desvincula del resto.

El poder se encuentra en la unión de cosas parecidas y la división de cosas que no lo son. Quizá lo que necesitemos hoy en los círculos religiosos no sea más unión sino una división sabia y valiente. Todo el mundo quiere paz, pero es probable que el avivamiento venga después de la espada.

15

LA RESPONSABILIDAD DEL LIDERAZGO

La historia de Israel y de Judá apunta a una verdad que ha enseñado claramente *toda* la historia, es decir, que las masas son o serán pronto lo que sean sus líderes. Los reyes marcan la pauta moral para el pueblo.

El público nunca es capaz de actuar en masa. Sin contar con un líder, el público carece de cabeza, y un cuerpo sin cabeza no puede hacer nada. Siempre tiene que haber alguien que guíe. Incluso la multitud que se dedica al pillaje y al asesinato no es esa masa desorganizada que parece ser. En algún punto detrás de la violencia hay un líder cuyas ideas los individuos se limitan a poner por obra.

Es cierto que hubo veces en que Israel se rebeló contra sus líderes, pero no fueron rebeliones espontáneas. El pueblo, simplemente, se pasó al bando de un líder nuevo y le siguió. La idea es que siempre tiene que haber un líder.

Independientemente del tipo de persona que resultase ser el rey, el pueblo pronto seguía su liderazgo. Siguieron a David en la adoración a Jehová, a Salomón en la construcción del templo, a Jeroboam en la fundición de un becerro y a Ezequías en la restauración de la adoración en el templo.

No es un halago para las masas su facilidad de ser conducidas con tanta facilidad, pero no nos interesa alabar ni culpar a nadie; lo que nos interesa es la verdad, y la verdad dice que, para bien o para mal, las personas religiosas siguen a sus líderes. Un buen hombre puede cambiar la actitud moral de todo un país; o un clero corrupto y mundano puede llevar a una nación a la esclavitud. El proverbio: "A tal sacerdote, tal pueblo" resume en cinco palabras una verdad que las Escrituras enseñan con claridad, y que se ha demostrado una y otra vez en la historia religiosa.

Las masas son o serán pronto lo que sean sus líderes.

Hoy día el cristianismo en el mundo occidental es lo que fueron sus líderes en el pasado reciente, y se está convirtiendo en lo que son sus líderes ahora. La iglesia local pronto se parece a su pastor, y esto es cierto incluso en aquellos grupos que no creen en los pastores. No es difícil identificar al auténtico pastor de un grupo; normalmente es aquel que presenta el argumento más sólido que sostiene que una iglesia no debe tener pastor. El líder decidido del grupo local que logra influir en el rebaño por medio de la enseñanza de la Biblia o de charlas frecuentes e improvisadas en las reuniones públicas es el pastor, por mucho que él se empeñe en negarlo.

La mala situación que viven hoy las iglesias se puede atribuir directamente a sus líderes. Cuando, como pasa a veces, los miembros de una iglesia local se rebelan y expulsan a su pastor por predicarles la verdad, aún tienen un líder. Detrás de ese acto sin duda encontraremos un diácono o un anciano carnal (y a menudo adinerado) que usurpa el derecho a decidir quién será el pastor, y qué deberá predicar dos veces cada domingo. En tales casos el pastor es incapaz de guiar al rebaño. Simplemente *trabaja* para el líder; es una situación realmente lamentable.

Hay una serie de factores que contribuyen al mal liderazgo espiritual. Veamos unos pocos:

1. *El temor.* El deseo de gustar a otros, de que nos admiren, es poderoso incluso entre el clero, de modo que en lugar de arriesgarse a padecer la desaprobación de otros, el pastor siente

la tentación de no hacer nada y sonreír con aire complaciente a todo el mundo. "El temor del hombre pondrá lazo" (Pr. 29:25), dice el Espíritu Santo, y en ningún otro lugar es más fuerte ese lazo que en el ministerio.

2. *La presión económica.* El ministro evangélico tiene fama de estar mal pagado y, a menudo, la familia del pastor es numerosa. Sumemos estos dos factores y tendremos una situación idónea para traer problemas y tentaciones al hombre de Dios. Todos conocemos la capacidad de la congregación de retener el flujo de dinero que va a la iglesia cuando el señor del púlpito dice algo que no les gusta. El pastor medio vive de año en año, y apenas logra llegar a fin de mes. A menudo, el acto de ofrecer un liderazgo moral y vigoroso a la iglesia supone exponerse a la asfixia económica, de modo que se evita ese liderazgo. Pero lo malo de esto es que *el liderazgo reprimido es en realidad un tipo de liderazgo invertido.* El hombre que no guía a su rebaño montaña arriba lo conduce sin saberlo monte abajo.

La mala situación que viven hoy las iglesias se puede atribuir directamente a sus líderes.

3. *La ambición.* Cuando para el ministro Cristo no es el todo en todo, siente la tentación de buscar un lugar por sí mismo, y el tiempo ha demostrado que complacer a la multitud es una manera que funciona bien en los círculos eclesiales. En lugar de conducir a su gente donde deberían estar, los lleva hábilmente donde sabe que *quieren* ir. De esta manera da la sensación de ser un líder valiente de los hombres, pero evita ofender a nadie, y así se garantiza ser un candidato con posibilidades cuando pueda acceder a una gran iglesia o a un cargo elevado.

4. *El orgullo intelectual.* Lamentablemente, en los círculos religiosos hay un culto a la inteligencia que, según mi opinión, no es más que una rebeldía juvenil en su peor expresión. Igual que el

beatnik, a pesar de que no deja de decir en voz bien alta que es un individualista, es en realidad uno de los conformistas más convencidos, el joven intelectual que sube al púlpito deslumbra con su lenguaje universitario cuidadosamente pulido, no vaya a ser que diga algo banal o común. La gente espera que los conduzca a verdes pastos, pero en lugar de eso los lleva a un desierto arenoso.

5. *La ausencia de una verdadera experiencia espiritual.* Nadie puede llevar a una persona más lejos de lo que él mismo ha llegado. En el caso de muchos ministros, esto explica su incapacidad para guiar a otros. Simplemente, no saben adónde ir.

6. *Una preparación insuficiente.* Las iglesias están atestadas de aficionados religiosos que, desde el punto de vista cultural, no están preparados para ministrar ante el altar y, como resultado de ello, sus oyentes se resienten. Son apartados del camino y no son conscientes de ello.

Las recompensas del buen liderazgo cristiano son tan grandes y las responsabilidades del líder son tan pesadas que nadie puede permitirse tomarse este asunto a la ligera.

16

LA ORACIÓN DE UN PROFETA MENOR

Esta es la oración de un hombre llamado a ser testigo a las naciones. Esto es lo que dijo a su Señor el día en que fue nombrado. Después de que los ancianos y los ministros hubiesen orado por él y le hubieron impuesto las manos, se retiró para reunirse con su Salvador en el lugar secreto y en el silencio, más allá de donde podrían llevarle sus hermanos bien intencionados.

Y dijo: Oh, Señor, he escuchado tu voz y tuve miedo. Me has llamado a realizar una tarea impresionante en un momento grave y peligroso. Estás a punto de conmocionar a las naciones, y la tierra y los cielos, de modo que permanezcan solo las cosas inconmovibles. Oh Señor, mi Señor, te has rebajado a honrarme para que sea tu siervo. Nadie puede recibir este honor a menos que lo llame Dios, como le pasó a Aarón. Me has hecho tu mensajero para aquellos que tienen un corazón endurecido y unos oídos que no oyen. Te han rechazado, a ti, el Señor, y no es de esperar que me reciban a mí, el siervo.

Mi Dios, no voy a perder el tiempo lamentando mi debilidad ni mi falta de capacidad para hacer esta obra. La responsabilidad no es mía, sino tuya. Tú has dicho "Te conocí, te puse nombre, te santifiqué", y también has dicho "Irás a todos los que yo te mande, y les hablarás lo que yo te mande que digas". ¿Quién soy yo para discutir contigo o poner en duda tu elección soberana? La decisión no es mía sino tuya. Que así sea, Señor. Hágase tu voluntad, no la mía.

Bien sé, Dios de los profetas y de los apóstoles, que, mientras te honre, tú me honrarás. Por lo tanto, ayúdame a hacer este voto solemne de honrarte con toda mi vida y mis obras futuras, ya sea con ganancias o con pérdidas, por la vida o por la muerte, y mantener este voto mientras viva.

Oh Dios, es hora de que obres, porque el enemigo se ha infiltrado en tus pastos y las ovejas están heridas y desperdigadas. Además, abundan los falsos profetas, quienes niegan el peligro y se burlan de los riesgos que rodean a tu rebaño. Las ovejas son engañadas por estos pastores asalariados y les siguen con una lealtad conmovedora, mientras el lobo se acerca para matar y destruir. Te ruego que me concedas tus ojos penetrantes para detectar la presencia del enemigo; dame entendimiento para ver y valor para transmitir fielmente lo que perciba. Que mi voz se parezca tanto a la tuya que incluso las ovejas enfermas la reconozcan y te sigan.

Dame entendimiento para ver y valor para transmitir fielmente lo que perciba.

Señor Jesús, acudo a ti en busca de preparación espiritual. Pon sobre mí tu mano. Úngeme con el óleo del profeta del Nuevo Testamento. No permitas que me convierta en un escriba religioso y pierda así mi llamado profético. Líbrame de la maldición que se extiende, oscura, sobre el rostro del clero moderno, la maldición de hacer concesiones, de imitar, del profesionalismo. Líbrame del error de juzgar una iglesia por su tamaño, su popularidad o la cantidad de dinero que recauda en un año. Ayúdame a recordar que soy un profeta, no un promotor, no un directivo religioso, sino un profeta. No permitas que me esclavice la multitud. Sana mi alma de las ambiciones carnales y líbrame de la tentación de buscar la publicidad. Sálvame de la esclavitud a las cosas. No permitas que desperdicie mis días rondando por mi casa. Pon tu temor sobre mí, oh Dios, y llévame al lugar de oración donde pueda luchar con principados, potestades y los gobernantes de las tinieblas de este mundo. Líbrame de comer en exceso y de dormir demasiado. Enséñame a disciplinarme, de modo que pueda ser un buen soldado de Jesucristo.

Acepto el trabajo duro y las pequeñas recompensas de esta vida. No te pido una vida fácil. Intentaré cerrar los ojos ante las pequeñas maneras en que podría facilitarme la vida. Si otros buscan el camino más fácil, intentaré caminar por el difícil sin juzgarlos con demasiada dureza. Sé que tendré oposición, y cuando llegue procuraré tomarla con paciencia. O, si como sucede algunas veces a tus siervos, tu pueblo amoroso me hace regalos fruto del agradecimiento, te ruego que estés a mi lado y me libres del perjuicio que a menudo conllevan. Enséñame a usar todo lo que reciba de tal modo que no perjudique mi alma ni reduzca mi poder espiritual. Y si gracias a tu providencia permisiva tu iglesia me confiere algún honor, no permitas que olvide en esa hora que no soy digno ni de la menor de tus misericordias, y que si otros me conocieran tan íntimamente como me conozco yo, se guardarían sus honores o los darían a otros más dignos de recibirlos.

Acepto el trabajo duro y las pequeñas recompensas de esta vida.

Y ahora, ¡oh Señor de cielos y tierra!, consagro a ti los días que me queden de vida; que sean muchos o pocos, conforme a tu voluntad. Te ruego que pueda estar delante de los grandes o ministrar a los pobres y a los humildes; esa elección no es mía, y si pudiera no influiría en ella. Soy tu siervo para hacer tu voluntad, y esa voluntad es más dulce para mí que la posición social, las riquezas o la fama, y la prefiero antes que todas las cosas en la tierra o en el cielo.

Aunque me has elegido y me has honrado con un llamamiento alto y santo, no permitas que olvide jamás que no soy más que un hombre de polvo y cenizas, un hombre con todos los errores naturales y las pasiones que acosan a la raza humana. Por consiguiente, te ruego, mi Señor y Redentor, que me libres de mí mismo y de todas las heridas que pueda hacerme mientras intento ser de bendición para otros. Lléname con tu poder por el Espíritu Santo, y seguiré avanzando por tu fuerza y hablaré de tu justicia, y solo de la tuya. Mientras permanezcan mis facultades habituales, extenderé el mensaje del amor redentor.

Entonces, amado Señor, cuando sea viejo y esté tan cansado que no pueda continuar, ten un lugar dispuesto para mí allá en lo alto, y permíteme contarme entre los santos en tu gloria eterna. *Amén*. AMÉN.

17

SE BUSCA: CORAJE CON MODERACIÓN[2]

El pecado ha hecho un trabajo excelente para arruinarnos, y el proceso de la restauración es largo y lento.

Es posible que las obras de la gracia en la vida individual nunca sean tan claras y tan definidas, pero sin duda son la obra de un Dios que trabaja para hacer que el corazón que en otro tiempo estuvo caído vuelva a parecerse a Él. Donde esto es más evidente es en la gran dificultad que tenemos para alcanzar la simetría espiritual en nuestras vidas. La incapacidad que tienen incluso las almas más devotas para manifestar las virtudes cristianas en una proporción igual y sin mezclar con ellas cualidades ajenas a Cristo ha hecho sufrir a muchos miembros del pueblo de Dios.

Las virtudes que tenemos delante, el coraje y la moderación, cuando se combinan en la proporción correcta, generan una vida bien equilibrada y que tiene una gran utilidad en el reino de Dios. Cuando una de ellas está ausente o solo aparece en un grado muy pequeño, el resultado es una vida desequilibrada y el desperdicio de los esfuerzos.

Prácticamente cualquier escrito sincero, cuando se examina de cerca, revelará que es autobiográfico. Lo que mejor conocemos

2. Este artículo apareció en *The Alliance Witness* (entonces llamado *Weekly*) en julio de 1946.

es lo que hemos experimentado. Este artículo no es una excepción. Bien pudiera admitir francamente que es autobiográfico, porque el lector astuto descubrirá la verdad por mucho que yo intente ocultarla.

En pocas palabras, nunca me han acusado de cobardía, ni siquiera mis enemigos más cordiales, pero a veces mi falta de moderación ha causado dolor a mis mejores amigos. No es fácil dominar una disposición extrema, y es difícil de resistir la tentación de aplicar métodos severos y excesivos a la obra del Señor. La tentación se ve reforzada aún más al saber que es casi imposible acorralar a un predicador y hacerle comerse sus palabras. Existe una inmunidad ministerial que se proporciona a un hombre de Dios que podría conducir a Boanerges a un lenguaje extravagante e irresponsable a menos que recurra a medidas heroicas para someter su naturaleza a la influencia del Espíritu del amor. A veces no he conseguido hacer esto, y las consecuencias en mi vida siempre han sido penosas.

El coraje y la moderación, cuando se combinan en la proporción correcta, generan una vida bien equilibrada y que tiene una gran utilidad en el reino de Dios.

Aquí, una vez más, se percibe el contraste entre los caminos de Dios y los de los hombres. Aparte de la sabiduría que nos puede impartir una experiencia dolorosa, tendemos a intentar alcanzar nuestros fines mediante un ataque directo, arrasar el campo y ganarlo todo al asalto. Esa era la técnica de Sansón, y funcionó bien excepto por un pequeño detalle: ¡no solo mató a los vencidos, sino también al vencedor! El ataque por los flancos manifiesta sabiduría, pero es una sabiduría que seguramente el espíritu temerario pasará por alto.

Estas palabras se dijeron de Cristo: "No gritará, ni alzará su voz, ni la hará oír en las calles. No quebrará la caña cascada, ni apagará el pábilo que humeare; por medio de la verdad traerá justicia" (Is. 42:2-3). El Señor cumplió su tremendo propósito sin forzarse físicamente y sin recurrir a la violencia. Toda su vida se caracterizó por la moderación; sin embargo, fue el más valiente de todos los hombres. Pudo enviar una respuesta a la amenaza que le había hecho Herodes, diciéndole: "Id, y decid a aquella zorra: He aquí, echo fuera demonios y hago curaciones hoy y mañana, y al tercer día termino mi obra" (Lc. 13:32). Aquí vemos un coraje supremo, pero sin desafío: no hay indicios de menosprecio, ni extravagancia de palabra o de obra. Tenía coraje, pero con moderación.

Con el paso de los años, la incapacidad de alcanzar el equilibrio entre estas virtudes ha provocado muchos males en la iglesia, y la herida es aún mayor cuando los líderes están involucrados. La falta de valor es una falta grave, y puede ser un pecado real cuando nos lleva a hacer concesiones en la doctrina o en la práctica. Quedarse atrás por conservar la paz y permitir que el enemigo nos arrebate las vasijas sagradas del templo nunca forma parte del llamado de un hombre de Dios. La moderación hasta el punto de ceder terreno en lo tocante a las cosas sagradas no es una virtud; pero siempre que la batalla ha sido celestial, la combatividad no ha servido de nada. La furia del hombre nunca fomentó la gloria de Dios. Hay una forma correcta de hacer las cosas, y nunca es la violenta. Los griegos tenían un dicho muy conocido, "La moderación siempre es mejor"; y el proverbio hogareño del granjero estadounidense que dice "Lo fácil siempre es mejor", también contiene una riqueza de profunda filosofía.

Dios ha usado (y sin duda usará) a los hombres a pesar de la incapacidad que estos tienen de mantener el equilibrio entre estas cualidades. Elías era un hombre valiente; nadie podía dudar de ello, pero tampoco nadie podría ser lo bastante osado como para afirmar que era un hombre paciente o moderado. Ganaba batallas mediante el asalto, el desafío, y recurría a la sátira y al insulto cuando le parecía que eran necesarios; pero cuando el enemigo quedaba aturdido, Elías caía en una espiral descendente y en un profundo desespero. Esto es lo que pasa con la naturaleza extrema, la del hombre con coraje pero sin moderación.

Elí, por otro lado, era un hombre moderado. No sabía decir que "no" ni siquiera a su propia familia. Amaba una débil paz, y el precio que pagó por su cobardía fue una tragedia espantosa. Ambos hombres eran buenas personas, pero no encontraron el equilibrio saludable. Es triste pensar en lo que podría haber hecho Elí en las circunstancias de Elías. Y si Elías hubiera sido el padre de Ofni y de Finees, ¡incluso yo los podría haber compadecido!

La falta de valor es una falta grave, y puede ser un pecado real cuando nos lleva a hacer concesiones en la doctrina o en la práctica.

Esto, lógicamente, nos lleva a pensar en el apóstol Pablo. Aquí tenemos a un hombre al que no podemos acusar de nada. Parece que tuvo un coraje casi perfecto, unido a una disposición paciente y a una perseverancia realmente divina. Qué podría haber sido de él sin la gracia se aprecia en la descripción breve que se hace de su persona antes de convertirse. Después de haber ayudado a apedrear a Esteban, se fue a la caza de cristianos, "respirando aún amenazas y muerte" (Hch. 9:1). Incluso después de su conversión pudo emitir juicios sumarios cuando defendía con fuerza una opinión. Su rechazo radical de Marcos cuando este abandonó el trabajo es un ejemplo de su manera brusca de tratar a los hombres en quienes había perdido la confianza. Pero parece que el tiempo, el sufrimiento y una intimidad creciente con el Salvador paciente curaron este error en el hombre de Dios. Sus últimos días estuvieron endulzados por el amor y tuvieron la fragancia de la paciencia y la caridad. Lo mismo debe decirse de nosotros.

Es significativo que la Biblia nunca hable de un cobarde que se viese librado de su cobardía. Ningún "alma tímida" se convirtió en un hombre valiente. A veces se menciona a Pedro como excepción, pero en su historia no hay nada que sugiera que ni antes ni después de Pentecostés hubiera sido un hombre tímido. Es cierto que estuvo a punto de serlo una o dos veces, pero la mayor parte de su vida fue un hombre con un coraje tan explosivo que siempre se metía en problemas debido a su audacia.

Que hoy la iglesia necesita con urgencia hombres valientes es un hecho demasiado sabido como para repetirlo. El miedo se cierne sobre la iglesia como una maldición antigua. Miedo a la vida, a perder el empleo, a dejar de ser populares, miedo a los demás; estos son los fantasmas que acosan a los hombres que ocupan hoy puestos en el liderazgo de la iglesia. Sin embargo, muchos de ellos se labran la fama de ser valientes porque repiten cosas seguras y previsibles con una osadía cómica.

No obstante, el coraje autoconsciente no es la solución. Cultivar la costumbre de "llamar a las cosas por su nombre" puede llevarnos a convertirnos en una molestia para otros y, a lo largo del proceso, hacer mucho daño. El ideal parece ser un coraje apacible que no sea consciente de su propia presencia. A cada momento extrae sus fuerzas del Espíritu que vive en nosotros, y apenas es consciente de que existe un *yo*. Este coraje será también paciente, bien equilibrado, sin caer en extremos. Ruego a Dios que envíe sobre nosotros un bautismo de ese coraje.

18

ESTE MUNDO: ¿PATIO DE JUEGOS O CAMPO DE BATALLA?

Para nosotros, las cosas no son solo lo que son; son lo que sostenemos que sean. Esto significa que, a la larga, nuestra actitud hacia las cosas será más importante que las propias cosas.

Esta conclusión es una perla de sabiduría muy conocida, como una moneda vieja gastada por el uso. Sin embargo, lleva grabado el sello de la verdad, y no debemos rechazarla por el hecho de que nos sea tan familiar.

Es curioso ver cómo un hecho puede mantenerse fijo mientras nuestra interpretación del mismo cambia con las generaciones y con los años.

Un hecho así es el mundo en el que vivimos. Está aquí y ha estado aquí a lo largo de los siglos. Es un hecho estable, inalterado apenas por el paso del tiempo, pero, ¡qué diferente es la visión que tiene el hombre actual de la que tuvieron nuestros antepasados! Aquí vemos claramente cuán grande es el poder de la interpretación. Para nosotros el mundo no es solo lo que es, sino lo que creemos que es. Y hay una tremenda carga de prosperidad o de adversidad que depende de la solidez de nuestra interpretación.

Sin remontarnos más allá de la época de la fundación y los primeros pasos de nuestro país, podemos apreciar el gran abismo que existe entre nuestras actitudes modernas y las de nuestros padres. En los primeros tiempos, cuando el cristianismo tenía una influencia dominante sobre el pensamiento de Estados Unidos, los hombres pensaban que el mundo era un campo de batalla. Nuestros padres creían que el pecado, el diablo y el infierno constituían una sola fuerza; y creían en Dios, en la justicia y en el cielo como la fuerza opuesta. Ambas se oponían mutuamente por su naturaleza, con una hostilidad profunda, grave e irreconciliable. Según nuestros padres, el ser humano tenía que elegir un bando; no podía ser neutral. Debía decidir entre vida o muerte, cielo o infierno, y si elegía ponerse en el bando de Dios podía esperar que libraría una guerra con sus enemigos. Sería una lucha real y mortal, y duraría todo el tiempo que viviese en este mundo. El hombre esperaba el cielo como un regreso de la guerra, el momento de dejar la espada y disfrutar en paz del hogar preparado para él.

Nuestra actitud hacia las cosas será más importante que las propias cosas.

Con frecuencia, los sermones y los himnos de aquellos tiempos parecían los propios de un ejército, o quizá revelaban ciertos rastros de nostalgia. El soldado cristiano pensaba en el hogar, el reposo y la reunión, y su voz adoptaba un tono lastimero cuando cantaba acerca de una batalla concluida y de una victoria obtenida. Pero tanto si asaltaba las baterías enemigas como si soñaba en el final de la guerra y en la bienvenida al hogar que le daría el Padre, nunca olvidaba en qué tipo de mundo vivía. Era un campo de batalla, y en él había muchos heridos y muchos muertos.

Esta forma de ver las cosas es sin duda la que enseñan las Escrituras. Aun teniendo en cuenta las figuras y las metáforas que abundan en la Biblia, el hecho de que en este mundo están presentes tremendas fuerzas espirituales es una doctrina bíblica sólida, como lo es que el hombre, debido a su naturaleza espiritual, está atrapado en medio. Las fuerzas malignas están decididas a destruirle, mientras que Cristo está presente para salvarle mediante el poder del evangelio. Para obtener la liberación el ser humano debe ponerse del lado de Dios por la fe y la obediencia. En resumen, esto es lo que pensaban nuestros padres; y eso, creemos nosotros, es lo que enseña la Biblia.

Todo cristiano tiene la obligación inevitable de reexaminar su filosofía espiritual a la luz de la Biblia.

¡Qué diferente es hoy! Los hechos siguen siendo los mismos, pero la interpretación ha cambiado por completo. Los hombres no consideran que el mundo sea un campo de batalla, sino un patio de juegos. No estamos aquí para combatir, sino para disfrutar. No estamos en un territorio enemigo, sino en casa. No nos preparamos para la vida, sino que ya estamos viviendo, y lo mejor que podemos hacer es librarnos de nuestras inhibiciones y nuestras frustraciones, y vivir la vida al máximo. Creemos que este es un resumen justo de la filosofía religiosa del hombre moderno, que profesan abiertamente millones de personas y que muchísimos otros millones siguen sin decirlo, viviéndola aunque no la expresen verbalmente.

Esta actitud distinta hacia el mundo ha tenido y sigue teniendo un efecto sobre los cristianos, incluso los que siguen el evangelio y profesan la fe de la Biblia. Mediante un malabarismo curioso de las cifras, logran sumar mal toda la columna y, aun así, afirman que tienen la respuesta correcta. Suena increíble, pero es cierto.

La inmensa mayoría de cristianos evangélicos ha aceptado en la práctica que este mundo es un patio de juegos, no un campo de batalla. Si alguien les pregunta directamente cuál es su posición, es posible que intenten eludirla, pero su conducta los traiciona. Miran en las dos direcciones, disfrutan de Cristo y también del mundo, y explican alegremente a todos que aceptar a Jesús no supone renunciar a la diversión, y que el cristianismo es la experiencia más alegre que puedan imaginar.

La "adoración" que nace de esta forma de ver la vida está tan lejos del centro como esa actitud, una especie de club nocturno santificado, pero sin el champán ni los borrachos disfrazados.

Todo este asunto se ha vuelto tan grave últimamente que ahora todo cristiano tiene la obligación inevitable de reexaminar su filosofía espiritual a la luz de la Biblia y, tras descubrir las pautas escriturales, seguirlas incluso si para ello tiene que alejarse de muchas cosas que antes aceptaba como reales pero que ahora, a la luz de la verdad, sabe que son mentira.

La visión correcta de Dios y del mundo venidero requiere que tengamos también una visión correcta del mundo en el que vivimos y de nuestra relación con él. De esto dependen tantas cosas que no podemos permitirnos tomárnoslo en broma.

19

La decreciente autoridad de Cristo en las iglesias[3]

Esta es la carga que llevo en el corazón y, aunque no pretendo tener una inspiración especial, siento que es también la carga del Espíritu.

Si conozco mi propio corazón, lo que me lleva a escribir esto es el amor, nada más. Lo que escribo no es el fermento amargo de una mente agitada por los problemas con mis hermanos en la fe. No existen esos problemas. Nadie me ha ofendido, maltratado ni atacado. Estas observaciones tampoco surgen de ninguna experiencia desagradable que haya tenido en mi relación con otros. Mis relaciones con mi propia iglesia, así como con los cristianos de otras denominaciones, siempre han sido amistosas, corteses y agradables. Mi pena no es más que el fruto de una condición que creo que está extendida casi por todas las iglesias del mundo.

También creo que debo admitir que yo mismo estoy muy involucrado en la situación que lamento en estas líneas. Igual que Esdras, en su poderoso ministerio de intercesión, se incluyó entre los malhechores, yo hago lo mismo: "Dios mío, confuso

3. Este artículo apareció por primera vez en *The Alliance Witness*, el 15 de mayo de 1963, solo dos días después de la muerte del Dr. Tozer. En cierto sentido es su legado, porque manifiesta el sentir de su corazón.

y avergonzado estoy para levantar, oh Dios mío, mi rostro a ti, porque nuestras iniquidades se han multiplicado sobre nuestra cabeza, y nuestros delitos han crecido hasta el cielo" (Esd. 9:6). Toda palabra áspera que diga aquí contra otros debe recaer, sinceramente, sobre mi propia cabeza. También yo he sido culpable. Escribo esto con la esperanza de que todos nos volvamos al Señor nuestro Dios y no pequemos más contra Él.

Voy a manifestar la esencia de mi carga, que es la siguiente: *hoy día Jesucristo apenas tiene autoridad entre los grupos que dicen llevar su nombre*. Al decir esto no me refiero a los católicorromanos ni a los liberales, ni a las diversas sectas pseudocristianas. Estoy hablando de las iglesias protestantes en general, e incluyendo a quienes más sostienen que descienden espiritualmente de nuestro Señor y de los apóstoles, es decir, los evangélicos.

Una doctrina básica del Nuevo Testamento dice que después de la resurrección del Hombre Jesús, Dios declaró que era Señor y Cristo, y que Él le había concedido el señorío absoluto sobre la iglesia, que es su cuerpo. Suya es toda autoridad en los cielos y en la tierra. A su debido momento Él ejercerá esa autoridad hasta el límite, pero durante este período histórico permite que otros la desafíen o la ignoren. Y ahora mismo el mundo la desafía y la iglesia la ignora.

La posición que ocupa Cristo hoy en las iglesias evangélicas se puede comparar con la de un rey en una monarquía limitada, constitucional. En ese país, el rey (despersonalizado a veces cuando se habla de "la corona") no es más que un punto focal tradicional, un símbolo agradable de unidad y de lealtad como puede serlo una bandera o un himno nacional. Se le alaba, agasaja y apoya, pero su autoridad real es escasa. Nominalmente es la cabeza de todo, pero, cuando llega una crisis, son otros quienes toman las decisiones. En las ocasiones formales aparece con su traje para pronunciar un discurso inocuo y sin color, que han puesto en sus labios los verdaderos dirigentes del país. Bien pudiera ser que todo este asunto no sea más que una fantasía bien intencionada, pero hunde sus raíces en la antigüedad; es muy divertida, y nadie quiere renunciar a ella.

Hoy día Jesucristo apenas tiene autoridad entre los grupos que dicen llevar su nombre.

Hoy día, entre las iglesias evangélicas, Cristo es poco más que un símbolo querido. El himno nacional de la iglesia es "Que todos alaben el poder del nombre de Jesús", y la cruz es su bandera oficial, pero durante los cultos semanales de la iglesia y la conducta cotidiana de sus miembros, quien toma las decisiones no es Cristo sino otros. En determinadas circunstancias permitimos que Cristo diga "venid a mí, todos los que estáis trabajados y cargados" (Mt. 11:28), o "no se turbe vuestro corazón" (Jn. 14:1), pero cuando acaba el discurso, otro se pone al mando. Los que poseen la autoridad genuina deciden los estándares morales de la iglesia además de todos los objetivos y los métodos empleados para llegar a ellos. Gracias a una organización larga y meticulosa, hoy día es posible que en la iglesia el pastor más joven recién salido del seminario tenga más autoridad que el propio Jesucristo.

Cristo no solo tiene escasa o ninguna autoridad, sino que su influencia también es menor cada día. No diría que no tiene ninguna, solo que es escasa y que cada día es menor. Podríamos establecer un paralelo con la influencia de Abraham Lincoln sobre el pueblo estadounidense. "El honesto Abe" sigue siendo el ídolo del país. En todas partes vemos retratos de su rostro amable, arrugado, tan familiar que nos resulta hermoso. Nos resulta fácil emocionarnos al mirarlo. Criamos a los niños con relatos sobre su amor, su honestidad y su humildad.

Pero después de recuperar el control sobre nuestras emociones, ¿qué nos queda? Nada más que un buen ejemplo que, a medida que se difumina en el pasado, cada vez se vuelve más irreal y tienen una influencia real más y más pequeña. Cualquier sinvergüenza puede envolverse con el abrigo largo y negro de Lincoln. Bajo la fría luz de los actos políticos en Estados Unidos, la referencia constante a Lincoln que hacen los políticos es una broma cínica.

Los cristianos no han olvidado del todo el señorío de Jesucristo, pero ha quedado relegado al himnario, donde podemos deshacernos cómodamente de toda responsabilidad, sumidos en el resplandor de una agradable emoción religiosa. O, si se enseña como teoría en el aula, raras veces se aplica a la vida práctica. Hoy día, la idea de que el Hombre Cristo Jesús tenga una autoridad absoluta y definitiva sobre toda la iglesia y sobre todos sus miembros, en todos los detalles de sus vidas, es algo que no acepta la mayoría de cristianos evangélicos.

Lo que hacemos es esto: aceptamos el cristianismo de nuestro grupo como idéntico al de Cristo y sus apóstoles. Igualamos las creencias, las prácticas, la ética, las actividades de nuestro grupo con el cristianismo del Nuevo Testamento. Lo que dice y hace el grupo es bíblico, y nadie lo cuestiona. Se da por hecho que todo lo que espera de nosotros nuestro Señor es que nos ocupemos con las actividades del grupo. Al hacerlo, guardamos los mandamientos de Cristo.

Para evitar la ardua necesidad de obedecer o bien rechazar las instrucciones claras de nuestro Señor en el Nuevo Testamento, nos refugiamos en una interpretación liberal de ellas. Los razonamientos engañosos no son cosa solo de los teólogos católicorromanos. Los evangélicos también sabemos cómo evitar el filo agudo de la obediencia mediante explicaciones primorosas y complejas. Son cosas hechas a la medida de la carne. Excusan la desobediencia, consuelan la carnalidad y hacen que las palabras de Cristo no tengan efecto alguno. Y la esencia de todo esto es que, sencillamente, no es posible que Cristo dijera lo que dijo. Se aceptan teóricamente sus enseñanzas solo después de que la interpretación las haya debilitado.

Sin embargo, cada vez son más las personas con "problemas" que consultan a Cristo, y acuden a Él quienes desean paz en sus mentes. Se le recomienda ampliamente como una especie de psiquiatra espiritual con poderes notables para arreglar a las personas. Puede librarlas de sus complejos de culpa y ayudarlas a evitar graves traumas psicológicos recurriendo a la adaptación amable y sencilla a la sociedad y a sus costumbres. Por supuesto, este Cristo extraño no tiene ninguna relación con el que aparece en el Nuevo Testamento. El verdadero Cristo también es Señor, pero este Cristo tolerante es poco más que el siervo de las personas.

Pero supongo que tengo que ofrecer alguna prueba concreta que respalde mi conclusión de que hoy Cristo tiene escasa o ninguna autoridad entre las iglesias. Pues bien, déjame que formule algunas preguntas y que las respuestas sean la evidencia.

¿Qué junta de iglesia consulta las palabras de nuestro Señor para decidir los asuntos que tratan? Que todo aquel que lea esto y haya tenido la experiencia de estar en la junta de una iglesia intente acordarse de la última vez que algún miembro de la junta leyó un pasaje bíblico para sustentar una idea, o que un presidente sugirió que los hermanos consultasen las instrucciones del Señor sobre un tema concreto. Normalmente, las reuniones de junta se inician con una oración formal o "un tiempo de oración"; después de esto, la Cabeza de la iglesia guarda un respetuoso silencio mientras los verdaderos dirigentes toman las riendas. Que cualquiera que niegue esto presente evidencias para negarlo. Yo, por mi parte, me alegraré de escucharlas.

¿Qué comité de escuela dominical acude a la Palabra en busca de pautas? ¿Acaso los miembros no asumen invariablemente que ya saben lo que se supone que tienen que hacer y que su único problema es encontrar los medios eficaces para hacerlo? Los planes, las normas, las "operaciones" y las nuevas técnicas metodológicas absorben todo su tiempo y su atención. La oración previa a la reunión solicita la ayuda divina para llevar a cabo los planes de la junta. Parece ser que ni se les pasa por la cabeza la idea de que el Señor tenga algunas instrucciones para ellos.

¿Quién recuerda que el presidente de una conferencia acudiera al púlpito con su Biblia con intención de usarla? Memorandos, reglamentos, normas de culto, sí. Los mandamientos sagrados del Señor, no. Existe una dicotomía absoluta entre el período devocional y la sesión de trabajo. El primero no tiene nada que ver con la segunda.

¿Qué junta de misión en el extranjero busca de verdad seguir la guía del Señor tal como la ofrece en su Palabra y por su Espíritu? Todos piensan que lo hacen, pero en realidad lo que hacen es dar por hecho que sus fines son bíblicos y luego pedir ayuda a Dios para encontrar maneras de alcanzarlos. Puede que se pasen la noche orando para que Dios conceda el éxito a sus proyectos, pero desean a Cristo como ayudador, no como Señor. Se inventan medios humanos para alcanzar unos fines que dan por hecho que son divinos. Estos se endurecen volviéndose políticas, y a partir de ese momento el Señor ni siquiera tiene voto.

Para el verdadero cristiano, la prueba suprema para la validez y el valor último de todo lo religioso debe ser el lugar que ocupa nuestro Señor en ello.

Cuando realizamos nuestra adoración pública, ¿dónde encontrar la autoridad de Cristo? La verdad es que hoy el Señor apenas controla un culto, y la influencia que ejerce es muy pequeña. Cantamos y predicamos sobre Él, pero no queremos que interfiera; adoramos a nuestra manera, y seguro que es la correcta porque siempre lo hemos hecho así, como las demás iglesias de nuestro grupo.

¿Qué cristiano, cuando se enfrenta a un problema moral, acude directamente al Sermón del Monte o a otro pasaje del Nuevo Testamento para encontrar una respuesta autorizada? ¿Quién permite que las enseñanzas de Cristo sean la última palabra sobre la ofrenda, el control de la natalidad, la formación de una familia, los hábitos personales, el diezmo, el ocio, la compra y venta, y otros asuntos igual de importantes?

¿Qué escuela teológica, desde el más humilde instituto bíblico para arriba, podría seguir funcionando si convirtiese a Cristo en el Señor de todas sus políticas? Puede que haya algunas, y espero que las haya, pero creo que tengo razón cuando digo que la mayoría de esas escuelas, para mantenerse en funcionamiento, se ven obligadas a adoptar procedimientos que no encuentran justificación en la Biblia que profesan enseñar. Así encontramos una curiosa anomalía: la autoridad de Cristo se ignora para mantener una escuela que enseña, entre otras cosas, la autoridad de Cristo.

Son muchas las causas que han llevado a que la autoridad de nuestro Señor se redujera. Mencionaré solo dos.

Una es el poder de la costumbre, el precedente y la tradición dentro de los grupos religiosos más antiguos. Tales cosas, como la fuerza de la gravedad, afectan a cada partícula de práctica religiosa dentro del grupo, ejerciendo una presión firme y constante en cierta dirección. Por supuesto, esa dirección apunta a la conformidad con el statu quo. En esta circunstancia, Cristo no es el Señor; lo es la costumbre. Y lo mismo ha sucedido (seguramente en menor grado) en otros grupos, como los tabernáculos del evangelio pleno, las iglesias de la santidad, las iglesias pentecostales y fundamentalistas, y las numerosas iglesias independientes y no denominacionales que se encuentran por todas partes en Norteamérica.

La segunda causa es el resurgimiento de la intelectualidad entre los evangélicos. Esto, si percibo bien la situación, no es tanto el deseo de aprender sino el de tener la reputación de ser estudioso. Gracias a esto, aquellos hombres buenos que deberían saber cuál es el peligro se arriesgan a colaborar con el enemigo. Voy a explicarme.

En nuestra época, nuestra fe evangélica (que creo que es la fe genuina de Cristo y de sus apóstoles) recibe ataques procedentes de muchas direcciones. En el mundo occidental, el enemigo ha renunciado a la violencia. Ya no viene contra nosotros con espada y palos; viene sonriendo, trayendo regalos. Alza los ojos al cielo y jura que también él cree en la fe de nuestros padres, pero su verdadero propósito es destruir la fe o al menos modificarla hasta el punto de que ya no sea la actividad sobrenatural que fue en otro tiempo. Viene en nombre de la filosofía, la psicología o la antropología, y con un dulce raciocinio nos incita a replantearnos nuestra posición histórica, a que seamos menos rígidos, más tolerantes, que tengamos un entendimiento más amplio.

Habla usando la jerga sagrada de las escuelas, y muchos de nuestros evangélicos medio educados corren contentos hacia él. Arroja títulos académicos a los hijos de los profetas, que se apresuran a recogerlos, como Rockefeller solía echar monedas a los hijos de los mendigos. Los evangélicos que, con cierta justificación, han sido acusados de carecer de verdadera erudición, ahora se esfuerzan por obtener esos símbolos de estatus con ojos relucientes y, cuando los obtienen, apenas son capaces de creer lo que ven. Caminan sumidos en una especie de incredulidad eufórica, como le pasaría a la solista del coro de la iglesia local si la invitaran a cantar en La Scala.

Para el verdadero cristiano, la prueba suprema para la validez y el valor último de todo lo religioso debe ser el lugar que ocupa nuestro Señor en ello. ¿Es Señor o es un símbolo? ¿Está a cargo de un proyecto o es tan solo un miembro del personal?

¿Decide cosas o solo contribuye a los planes de otros? Todas las actividades religiosas, desde el acto más sencillo de un cristiano individual hasta el funcionamiento maravilloso y caro de toda una congregación, se pueden evaluar en función de la respuesta a esta pregunta: ¿Jesucristo es Señor en esto? Que nuestras obras resulten ser madera, heno y hojarasca u oro y plata en aquel gran día dependerá en gran medida de la respuesta a esta pregunta.

Entonces, ¿qué debemos hacer? Cada uno de nosotros debe tomar una decisión, y al menos hay tres opciones posibles. Una es levantarse movidos por una indignación escandalizada y acusarme de propagar conclusiones irresponsables. Otra es asentir a lo que he escrito pero consolarse en el hecho de que hay excepciones, y nosotros somos una de ellas. La otra es postrarse con humildad y confesar que hemos entristecido al Espíritu y deshonrado a nuestro Señor por no concederle el lugar que su Padre le ha concedido como Cabeza y Señor de la Iglesia.

La primera o la segunda reacción confirmarán el error. La tercera, llevada a su conclusión, puede eliminar la maldición. Somos nosotros quienes debemos tomar una decisión.

20

Ese increíble cristiano

Creo que el esfuerzo actual por parte de muchos líderes religiosos de armonizar el cristianismo con la ciencia, la filosofía y todo lo que es natural y razonable, es el resultado de la incapacidad de comprenderlo y, juzgando por lo que he oído y leído, la incapacidad de entender también la ciencia y la filosofía.

En el centro del sistema cristiano hallamos la cruz de Cristo con su paradoja divina. El poder del cristianismo radica en su antipatía por los caminos de los hombres caídos, no por estar de acuerdo con ellos. La verdad de la cruz se revela en sus contradicciones. El testimonio de la iglesia es más eficaz cuando declara en lugar de explicar, porque el evangelio no va dirigido a la razón sino a la fe. Lo que se puede demostrar no requiere fe. La fe descansa en el carácter de Dios, no en las demostraciones del laboratorio o de la lógica.

La cruz mantiene una valiente oposición al hombre natural. Su filosofía contradice los procesos de la mente no regenerada, de modo que Pablo pudo decir sin rodeos: "la palabra de la cruz es locura a los que se pierden" (1 Co. 1:18). El intento de encontrar un terreno común entre el mensaje de la cruz y la razón caída del hombre es perseguir un imposible, y si se persiste en ello da como resultado una razón deteriorada, una cruz sin sentido y un cristianismo sin poder.

Pero hagamos descender el asunto desde el terreno elevado de la teoría hasta nosotros, y limitémonos a observar al verdadero cristiano cuando pone en práctica las enseñanzas de Cristo y de sus apóstoles. Fijémonos en las contradicciones.

El cristiano cree que en Cristo ha muerto, pero sin embargo está más vivo que antes y espera plenamente vivir para siempre. Camina por el mundo mientras está sentado en el cielo y, aunque ha nacido en el mundo, tras su conversión descubre que no está a gusto en él. Como las aves nocturnas, que en el aire son la esencia de la gracia y la belleza pero que en el suelo son torpes y feas, el cristiano tiene su mejor aspecto en los lugares celestiales, pero no encaja bien en las pautas de la sociedad en la que nació.

La fe descansa en el carácter de Dios, no en las demostraciones del laboratorio o de la lógica.

El cristiano descubre pronto que, si quiere ser victorioso y ser un hijo del cielo entre los hombres de la tierra, no debe seguir el patrón habitual en la humanidad, sino más bien el contrario. Para estar seguro debe correr peligro; para ganar su vida la pierde, y si intenta conservarla corre el riesgo de perderla. Se arrodilla para levantarse. Si se niega a humillarse, ya está humillado, pero cuando se humilla está siendo enaltecido.

Cuando es más fuerte es cuando más débil es, y cuando se siente fuerte es cuando es débil. Aunque es pobre, tiene la capacidad de enriquecer a otros; pero cuando se enriquece, se esfuma su capacidad de enriquecer a otras personas. Cuando más tiene es cuando más ha dado, y cuanto más posee menos tiene.

Puede ser, y a menudo lo es, el más alto cuando más bajo se siente, y el que peca menos cuando más consciente es de su pecado. Es más sabio cuando sabe que no sabe, y cuando sabe menos es cuando ha adquirido los conocimientos más impresionantes. A veces hace más al no hacer nada, y llega más lejos quedándose quieto. En medio de la desgracia logra regocijarse, y mantiene el corazón contento incluso en medio de la pena.

El carácter paradójico del cristiano se revela en todo momento. Por ejemplo, cree que ahora es salvo; a pesar de ello, espera ser salvado más adelante, y espera alegremente la salvación futura. Teme a Dios, pero no le tiene miedo. En la presencia de Dios se siente sobrepasado y deshecho, pero sin embargo no quiere estar en otro lugar que no sea su presencia. Sabe que ha sido limpiado de su pecado, pero es dolorosamente consciente de que en su carne no habita nada bueno.

Ama por encima de todo a alguien a quien nunca ha visto, y aunque es pobre y humilde habla familiarmente con Uno que es Rey de todos los reyes y Señor de todos los señores, y cuando lo hace no le parece incongruente. Siente que, por propio derecho, es menos que nada, pero cree también sin dudarlo que es la niña de los ojos de Dios y que, por él, el Hijo eterno se encarnó y murió en una cruz despreciable.

El cristiano es un ciudadano del cielo, y admite que su lealtad primera debe ser para esa ciudadanía santa; sin embargo, puede amar su país terrenal con una devoción tan intensa que indujo a John Knox a orar diciendo: "Oh Dios, concédeme Escocia o moriré".

Espera feliz entrar dentro de poco en ese mundo luminoso superior, pero no tiene prisa por abandonar este mundo y está más que dispuesto a esperar que su Padre celestial lo llame. Tampoco entiende por qué el incrédulo crítico debe condenarle por hacer esto; dadas las circunstancias parece un proceder tan natural y tan correcto que no ve nada de incoherente en ello.

Además, el cristiano que lleva su cruz es tanto un pesimista convencido como un optimista tan grande que como él no se encuentra otro igual en la tierra.

Cuando mira la cruz es pesimista, porque sabe que el mismo juicio que recayó sobre el Señor de la gloria condena en aquel solo acto a toda la naturaleza y al mundo de los hombres. Rechaza toda esperanza humana por Cristo, porque sabe que el esfuerzo más noble de la humanidad no supone más que edificar sobre el polvo.

Pero a la vez tiene un optimismo calmo, apacible. Si la cruz condena al mundo, la resurrección de Cristo garantiza el triunfo final del bien en todo el universo. Por medio de Cristo todo irá bien al final, y el cristiano espera la consumación. ¡Ese increíble cristiano!

21

Qué significa aceptar a Cristo

Hay unas pocas cosas (pocas, afortunadamente) que son cuestión de vida o muerte, como una brújula para un viaje por mar o un guía para una travesía por el desierto. Ignorar estas cosas vitales no es hacer una apuesta o correr un riesgo: es suicidarse. Conclusión: o lo haces bien o mueres.

Nuestra relación con Cristo es una cuestión de vida o muerte, y en un plano muy superior. El hombre que conoce la Biblia sabe que Jesucristo vino al mundo para salvar a los pecadores, y que las personas se salvan solo por Cristo, sin tener en cuenta ninguna obra de los hombres.

Sabemos eso y sabemos, además, que es cierto, pero obviamente la muerte y la resurrección de Cristo no salvan automáticamente a nadie. ¿Cómo establece el individuo una relación salvadora con Cristo? Sabemos que algunos lo hacen, pero es evidente que otros no. ¿Cómo salvar el abismo entre la redención provista objetivamente y la salvación recibida subjetivamente? Lo que Cristo hizo por mí, ¿cómo se vuelve operativo en mi vida? Debemos conocer la respuesta correcta a la pregunta: "¿Qué debo hacer para ser salvo?". No hacerlo no supone poner en juego nuestra alma, sino garantizar el alejamiento eterno del rostro de Dios. Aquí debemos hacer lo correcto o perdernos para siempre.

A esta pregunta angustiosa los cristianos evangélicos pueden dar tres respuestas: "Cree en el Señor Jesucristo", "Recibe a Cristo como tu Salvador personal" y "Acepta a Cristo". Dos de las respuestas las sacamos casi literalmente de las Escrituras (ver Hch. 16:31; Jn. 1:12), mientras que la tercera es una especie de paráfrasis destinada a condensar las dos anteriores. Por consiguiente, no son tres respuestas sino una.

Las personas se salvan solo por Cristo, sin tener en cuenta ninguna obra de los hombres.

Siendo como somos perezosos espiritualmente, por naturaleza tendemos a gravitar hacia la manera más sencilla de solventar nuestras preguntas religiosas para nosotros mismos y para otros; por lo tanto, la fórmula "Acepta a Cristo" se ha convertido en un remedio de aplicación universal, y creo que para muchos ha sido fatal. Aunque no cabe duda de que un penitente sincero puede encontrar de vez en cuando en todo esto la instrucción que necesita para ponerse en contacto vivo con Cristo, temo que demasiados buscadores lo usan como atajo a la Tierra Prometida, solo para descubrir que en cambio les ha conducido a "tierra de oscuridad, lóbrega, como sombra de muerte y sin orden, y cuya luz es como densas tinieblas" (Job 10:22).

El problema es que es probable que esa fórmula "Acepta a Cristo" esté equivocada. Muestra a un Cristo que nos pide algo, en lugar de ser al revés. Lo sitúa, en humilde actitud, esperando que emitamos nuestro veredicto, en lugar de que nosotros nos pongamos de rodillas, con corazones atribulados, esperando que dicte su veredicto sobre nosotros. Incluso nos permite aceptar a Cristo por un impulso de la mente o de las emociones, sin dolor, sin pérdida para nuestro ego y sin que interfiera en absoluto con nuestra manera habitual de vivir.

Podemos imaginar algunos paralelos para esta manera ineficaz de gestionar un asunto vital; es como si, por ejemplo, en Egipto, Israel hubiera "aceptado" la sangre de la Pascua pero hubiera seguido viviendo en la esclavitud, o si el hijo pródigo hubiera "aceptado" el perdón de su padre y se hubiera quedado a vivir entre los cerdos del país lejano. ¿No es evidente que si queremos que "aceptar a Cristo" signifique algo debe existir un acto moral que esté en consonancia con ello?

La muerte y la resurrección de Cristo no salvan automáticamente a nadie.

Si admitimos que la expresión "Acepta a Cristo" representa un esfuerzo sincero por resumir lo que no se podría decir bien de ninguna otra manera, veamos qué queremos decir o qué deberíamos querer decir cuando la usamos.

Aceptar a Cristo supone forjar un vínculo con la Persona de nuestro Señor Jesús, un vínculo sin igual en la experiencia humana.

Este vínculo es intelectual, volitivo y emocional. El creyente está convencido intelectualmente de que Jesús es tanto Señor como Cristo; ha centrado su voluntad en seguirle a cualquier precio, y pronto su corazón disfruta de la dulzura exquisita de la comunión con Él.

Este vínculo lo abarca todo, en el sentido de que acepta gozosamente a Cristo por todo lo que Él es. No se produce una cobarde división de oficios por la cual aceptemos hoy su naturaleza de Salvador y mañana prefiramos no decir si es también nuestro Señor. El verdadero creyente acepta a Cristo como su todo, sin reservas. Incluye todas las facetas de sí mismo, no permitiendo que ninguna parte de su vida quede sin afectar por esa transacción revolucionaria.

Además, su vínculo con Cristo es exclusivo. El Señor no se convierte para el creyente en uno de los intereses que rivalizan por captar su atención, sino en su centro de atención para siempre. El cristiano gira en torno a Cristo como la Tierra gira en torno al sol, atrapado por el magnetismo de su amor, extrayendo de Él toda su vida, su luz y su calidez. Es cierto que en este estado feliz tiene otros intereses, pero todos vienen determinados por su relación con el Señor.

Dios ordena que aceptemos a Cristo de esta forma incluyente, exclusiva. Aquí la fe da el salto hacia Dios por medio de la Persona y la obra de Cristo, pero nunca separa la obra de la Persona. Cree en el Señor Jesucristo, el Cristo total sin modificación ni reserva, y así recibe y disfruta de todo lo que Él hizo por medio de su obra de redención, todo lo que está haciendo ahora en el cielo por los suyos y lo que hace en ellos y por medio de ellos.

Aceptar a Cristo es conocer el significado de las palabras "pues como él es, así somos nosotros en este mundo" (1 Jn. 4:17). Aceptamos sus amigos como nuestros, sus enemigos como los nuestros, sus caminos como los nuestros, lo que Él rechaza como lo que debemos rechazar, su cruz como la nuestra, su vida como nuestra vida y su futuro como el nuestro propio.

Si esto es lo que queremos decir cuando aconsejamos al buscador que acepte a Cristo, es mejor que se lo expliquemos. Si no lo hacemos, puede meterse en graves problemas espirituales.

22

La insuficiencia del "cristianismo instantáneo"

No es de extrañar que el país que ofreció al mundo el té y el café instantáneos sea el que le ofrezca también el cristianismo instantáneo. Aunque esas dos bebidas no fueron inventadas en Estados Unidos, sin duda fue aquí donde recibieron el impulso publicitario que las ha dado a conocer en buena parte del mundo civilizado. Y no podemos negar que fue el fundamentalismo estadounidense el que llevó el cristianismo instantáneo a las iglesias del evangelio.

Si por un momento pasamos por alto el catolicismo romano y el liberalismo bajo sus distintos disfraces, y centramos nuestra atención en la gran masa de creyentes evangélicos, vemos de inmediato hasta qué punto la religión de Cristo ha padecido en la casa de sus amigos. El genio estadounidense para hacer las cosas rápida y fácilmente, sin preocuparse mucho por la calidad o la durabilidad, ha creado un virus que ha infectado a toda la iglesia evangélica de Estados Unidos y, por medio de nuestra literatura, nuestros evangelistas y misioneros, se ha extendido por todo el mundo.

El cristianismo instantáneo llegó con la era de la máquina. El ser humano inventó las máquinas por dos motivos. Quería hacer el trabajo importante más rápida y fácilmente de lo que podía hacerlo a mano, y quería acabarlo lo antes posible para poder dedicar su tiempo a cosas que le gustasen más, como no hacer nada o disfrutar de los placeres del mundo. Hoy día el cristianismo instantáneo cumple los mismos propósitos en la religión. Se deshace del pasado, garantiza el futuro y libera la mente del cristiano para que siga los placeres más refinados de la carne con una conciencia limpia, y con las menores limitaciones que sea posible.

Con "cristianismo instantáneo" me refiero al que se encuentra prácticamente en todos los sectores de los círculos evangélicos y que nace de la idea de que mediante un solo acto de fe (o dos, como mucho) podemos olvidarnos de nuestra obligación hacia nuestras propias almas, y vernos libres desde entonces de toda preocupación por nuestro estado espiritual, para descartar también nuestra obligación para los nuestros; y se nos permite concluir, partiendo de esto, que no hay motivo alguno para intentar tener un carácter santo. Aquí detectamos una cualidad automática, definitiva, que discrepa totalmente de la fe del Nuevo Testamento.

En este error, como en la mayoría de otros, existe cierta dosis de verdad mal entendida. Es cierto que la conversión a Cristo puede ser repentina, y a menudo lo es. Cuando la carga de pecado ha sido pesada, la sensación de perdón suele ser clara y gozosa. El disfrute que se experimenta gracias al perdón es semejante al grado de repugnancia moral que abandonamos en el arrepentimiento. El verdadero cristiano ha conocido a Dios. Sabe que tiene vida eterna, y es probable que sepa dónde y cuándo la recibió. Y aquellos que han sido llenos del Espíritu Santo después de su regeneración tienen una experiencia clara de haber sido llenos. El Espíritu se anuncia a sí mismo, y el corazón renovado no tiene problemas para identificar su presencia cuando inunda el alma.

Pero el problema es que tendemos a poner nuestra confianza en nuestras experiencias y, como consecuencia de ello, malinterpretamos todo el Nuevo Testamento. Constantemente nos exhortan a tomar la decisión, a arreglar ahora mismo el asunto, a resolver el problema de una vez por todas, y quienes nos exhortan tienen razón al hacerlo. Hay decisiones que pueden y deben tomarse de una vez y para siempre. Hay asuntos personales que se pueden solventar instantáneamente mediante un acto determinado de la voluntad como respuesta a la fe fundamentada en la Biblia. Nadie querría negar esto; por supuesto, yo no lo niego.

La pregunta que se nos plantea es: ¿Cuánto se puede conseguir mediante un solo acto de fe? ¿Cuánto queda por hacer, y hasta qué punto puede llevarnos una sola decisión?

Hay decisiones que pueden y deben tomarse de una vez y para siempre.

El cristianismo instantáneo tiende a convertir el acto de fe en algo terminal, ahogando así el deseo de progresar espiritualmente. No logra entender la verdadera naturaleza de la vida cristiana, que no es estática sino dinámica y creciente. Pasa por alto el hecho de que un nuevo cristiano es un organismo vivo tanto como lo es un bebé recién nacido, y que para asegurarnos de que crece bien debe recibir alimento y ejercitarse. No piensa en el hecho de que el acto de fe en Cristo inicia una relación personal entre dos seres morales inteligentes, Dios y el hombre reconciliado, y que ningún encuentro único entre Dios y una criatura hecha a su imagen sería suficiente para establecer una amistad íntima entre ellos.

Al intentar condensar toda la salvación en una o dos experiencias, los defensores del cristianismo instantáneo contradicen la ley del crecimiento que rige toda la naturaleza. Ignoran los efectos santificadores del sufrimiento, el llevar la cruz y la práctica de la obediencia. Pasan por alto la necesidad de formación espiritual, la necesidad de crear hábitos religiosos correctos y la de luchar contra el mundo, el demonio y la carne.

La preocupación indebida por el acto inicial de fe ha generado en algunos una psicología del contentamiento, o al menos de falta de expectativas. Ha hecho que muchos se sientan decepcionados por la fe cristiana. Parece que Dios está demasiado lejos, el mundo demasiado cerca, y la carne es demasiado poderosa como para resistirse a ella. Otros aceptan contentos la seguridad de la bendición automática. Les quita la necesidad de observar, luchar y orar, y les da la libertad de disfrutar de este mundo mientras esperan el siguiente.

Un nuevo cristiano es un organismo vivo tanto como lo es un bebé recién nacido... para asegurarnos de que crece bien debe recibir alimento y ejercitarse.

El cristianismo instantáneo es la ortodoxia del siglo XX. Me pregunto si el hombre que escribió Filipenses 3:7-16 la reconocería como la misma fe por la que acabó muriendo. No lo creo.

23

NO HAY SUSTITUTO PARA LA TEOLOGÍA

Siendo como somos, y siendo las cosas como son, el estudio más importante y provechoso al que podemos dedicarnos es, sin duda alguna, el estudio de la teología.

El hecho de que probablemente la teología reciba menos atención que cualquier otra materia no nos dice nada sobre su importancia ni sobre su falta de ella. Indica más bien que los hombres siguen ocultándose de la presencia de Dios entre los árboles del huerto, y que se sienten muy incómodos cuando surge el tema de su relación con Dios. Perciben su propia alienación de Dios, y solo consiguen vivir en paz con ellos mismos olvidando que no están en paz con Él.

Si no hubiera Dios, las cosas serían distintas para nosotros. Si no hubiera nadie a quien tuviésemos que dar cuentas, desaparecería de nuestra mente una pesada carga. Solo tendríamos que vivir dentro de la ley, una tarea no muy difícil en la mayoría de países, y no habría nada que temer. Pero si de verdad Dios creó la Tierra y puso al hombre en ella en un estado de evaluación moral, entonces todos tenemos la gran obligación de descubrir la voluntad de Dios y hacerla.

La revelación cristiana es la única que tiene respuesta a las preguntas sin contestar sobre Dios y el destino humano.

Siempre me ha parecido muy incoherente que el existencialismo niegue la existencia de Dios y luego utilice el lenguaje del teísmo para convencer a los hombres de que vivan como deben hacerlo. El escritor francés Jean-Paul Sartre, por ejemplo, admite francamente que representa al existencialismo ateo. "Si Dios no existe", dice, "no hallamos valores ni mandamientos a los que recurrir para legitimar nuestra conducta. Por lo tanto, en el luminoso ámbito de los valores, no tenemos ninguna excusa que nos respalde, ninguna justificación ante nosotros. Estamos solos, sin excusas". Sin embargo, en el siguiente párrafo afirma contundentemente: "El hombre es responsable de sus pasiones", y más adelante dice que "un cobarde es responsable de su cobardía". Y, según dice él, este tipo de consideraciones llenan al existencialista de "angustia, sensación de abandono y desespero".

Me parece que semejante razonamiento debe dar por hecho la verdad de todo aquello que pretende negar. Si no hubiera Dios, no podría existir el concepto de "responsabilidad". Ningún criminal debe temer a un juez inexistente; tampoco tendría que preocuparse por incumplir una ley que no se ha emitido. Lo que acongoja el corazón del transgresor es el conocimiento de que en realidad sí existen una ley y un juez. Hay alguien a quien dar cuentas; de no ser así, el concepto de la responsabilidad no tendría sentido.

Es precisamente porque Dios *existe*, y porque el hombre ha sido hecho a su imagen y debe darle cuentas, por lo que la teología tiene una importancia tan crítica. La revelación cristiana es la única que tiene respuesta a las preguntas sin contestar sobre Dios y el destino humano. Permitir que tales respuestas autorizadas caigan en el olvido mientras buscamos respuestas en otros lugares sin encontrarlas me parece que no es más que una locura.

Ningún conductor se podría excusar si se olvidara de consultar su mapa de carreteras y en lugar de eso quisiera encontrar su ruta por el campo fijándose en el musgo de los troncos, observando el vuelo de las abejas silvestres o basándose en el movimiento de los cuerpos celestes. Si no *hubiera* un mapa, un hombre tal vez *podría* hallar su camino mediante las estrellas; sin embargo, para el viajero que quiere llegar al hogar, las estrellas serían un mal sustituto de un mapa.

Sin un mapa, los griegos lograron hazañas de navegación; pero los hebreos tenían un mapa, por lo que no necesitaban la filosofía humana. Como estoy algo familiarizado con el pensamiento griego, creo que uno de los elocuentes capítulos de Isaías o uno de los salmos inspirados de David contiene más ayuda genuina para la humanidad que todo el producto de las mejores mentes griegas durante los siglos de su máxima gloria.

El descuido actual de las Escrituras inspiradas por parte del hombre civilizado es una vergüenza y un escándalo; porque esas mismas Escrituras le dicen todo lo que quiere saber, o desearía saber, sobre Dios, su propia alma y el destino de la humanidad. Es irónico que los hombres dediquen tanto tiempo y dinero al esfuerzo de desvelar los secretos de su pasado cuando lo único que realmente debería preocuparles es su propio futuro.

Todo lo que me aparte de la Biblia es mi enemigo, por inofensivo que pueda parecer.

Nadie es responsable de sus antepasados, y el único pasado por el que debe dar cuentas es ese relativamente corto que ha vivido en este mundo. Para mí es más importante descubrir cómo escapar de la culpa de los pecados cometidos en mis breves días, cómo vivir libre del pecado hoy y entrar por fin en la bendita presencia de Dios en un mañana feliz, que cualquier cosa que pueda descubrir un antropólogo. Me parece una perversión extraña del interés mirar atrás al polvo cuando estamos preparados para mirar a la gloria en lo alto.

Todo lo que me aparte de la Biblia es mi enemigo, por inofensivo que pueda parecer. Todo lo que me llame la atención cuando debiera estar meditando en Dios y en las cosas eternas perjudica mi alma. Si dejamos que los cuidados de esta vida expulsen las Escrituras de mi mente, padeceremos una pérdida donde menos nos la podemos permitir. Si acepto todo lo demás excepto las Escrituras, me han engañado y robado, condenándome a la confusión eterna.

El secreto de la vida es teológico, y también lo es la clave para llegar al cielo. Aprendemos con dificultad, olvidamos fácilmente y padecemos muchas distracciones. Por lo tanto, debemos volver nuestros corazones al estudio de la teología. Debemos predicarla desde nuestros púlpitos, cantarla en nuestros himnos, enseñarla a nuestros hijos y hacer que sea el tema de conversación cuando nos reunamos con amigos cristianos.

24

La importancia del autoanálisis

Pocas cosas hay que revelen tan bien el miedo y la incertidumbre que acosan a los hombres como ver hasta qué extremo llegarán para ocultar su verdadera personalidad ante los demás e incluso ante su propia vista.

Casi todos los hombres viven, desde que nacen hasta que mueren, detrás de un velo traslúcido, y solo salen de detrás de él cuando les obliga a hacerlo algún choque emocional, y después vuelven a meterse detrás del velo con la mayor rapidez posible. El resultado de este disimulo que dura toda la vida es que la gente apenas conoce cómo son en verdad sus vecinos y, lo que es peor, el camuflaje es tan eficaz que no se conocen ni a sí mismos.

El autoconocimiento es crucial para nosotros cuando buscamos a Dios y su justicia, hasta el punto de que tenemos la obligación inevitable de hacer inmediatamente todo lo que sea necesario para quitarnos el disfraz y permitir que otros conozcan nuestro verdadero yo. Una de las mayores tragedias religiosas es que muchos de nosotros piensan muy bien de sí mismos cuando las evidencias apuntan a lo contrario; y la admiración que sentimos por nosotros mismos impide eficazmente cualquier intento de encontrar remedio a nuestro problema. El único hombre que va a un médico es quien sabe que está enfermo.

Ahora bien, nuestro estado moral y espiritual solo lo pueden revelar el Espíritu y la Palabra. El juicio último del corazón es de Dios. En cierto sentido no nos atrevemos a juzgar a otros (ver Mt. 7:1-5), y no deberíamos siquiera juzgarnos a nosotros mismos (ver 1 Co. 4:3). El juicio final pertenece a Aquel cuyos ojos son como llama de fuego y ven la intención detrás de los actos y pensamientos humanos. Me alegra dejar que sea Él quien tenga la última palabra.

Nuestro estado moral y espiritual solo lo pueden revelar el Espíritu y la Palabra.

A pesar de todo, siempre hay un lugar para el examen personal y una necesidad real de llevarlo a cabo (1 Co. 11:31-32). Aunque no es probable que podamos descubrirlo todo sobre nosotros mismos y que el análisis al que nos sometamos seguramente será parcial e imperfecto, hay buenos motivos para que colaboremos con el Espíritu Santo en su esfuerzo benigno de localizarnos espiritualmente, para que podamos introducir las correcciones que exigen nuestras circunstancias. Ya sabemos que Dios nos conoce a fondo (ver Sal. 139:1-6). Ahora debemos conocernos a nosotros mismos con la mayor precisión posible. Por este motivo doy algunas reglas para que nos descubramos y, si los resultados no son los que más nos gustan, al menos serán mejor que nada. Se nos puede conocer por los siguientes factores:

1. *Lo que más queremos.* Solo tenemos que quedarnos en silencio, centrar nuestros pensamientos, esperar a que esa ligera excitación que nos motiva se acalle, y luego escuchar atentamente al débil clamor del deseo. Pregunta a tu corazón: ¿Qué querrías tener más que cualquier otra cosa en este mundo? Rechaza la respuesta convencional. Insiste en la verdadera y, cuando la hayas escuchado, sabrás el tipo de persona que eres.

2. *En qué pensamos más.* Las necesidades de la vida nos empujan a pensar en muchas cosas, pero la verdadera prueba es en qué pensamos *voluntariamente.* Es más que probable que nuestros

pensamientos se centren en el tesoro secreto del corazón, y su naturaleza nos revelará qué somos. "Porque donde esté vuestro tesoro, allí estará también vuestro corazón" (Mt. 6:21).

3. *Cómo usamos nuestro dinero.* Una vez más debemos pasar por alto aquellos asuntos en los que no tenemos total libertad. Debemos pagar impuestos y cubrir las necesidades de la vida para nosotros y para nuestras familias, si las tenemos. Esto es pura rutina y no nos dice gran cosa sobre nosotros mismos. Lo que sí nos dará mucha información es qué hacemos con el dinero que nos queda después del que invertimos en esas cosas.

> **Podemos descubrir el verdadero estado de nuestras mentes si analizamos nuestras admiraciones no expresadas.**

4. *Qué hacemos con nuestro tiempo libre.* Una gran parte de nuestro tiempo la invertimos en las exigencias de la vida civilizada, pero siempre tenemos algún tiempo libre. Lo que hacemos con él es vital. La mayoría lo desperdicia mirando la televisión, escuchando la radio, leyendo las noticias baratas de la prensa o participando en conversaciones ociosas. Lo que hago con mi tiempo libre revela qué tipo de persona soy.

5. *Las compañías que frecuento.* Existe una ley de atracción moral que atrae a las personas a otras que se parecen a ellas. "Y puestos en libertad, vinieron a los suyos" (Hch. 4:23). A dónde vamos cuando tenemos libertad para hacerlo es una señal casi infalible de nuestro carácter.

6. *A quién y qué admiramos.* Hace mucho tiempo que sospecho que la gran mayoría de cristianos evangélicos, aunque están un tanto limitados por la presión de la opinión de su grupo, sienten una admiración ilimitada, aunque secreta por el mundo. Podemos descubrir el verdadero estado de nuestras mentes si

analizamos nuestras admiraciones no expresadas. Muchas veces Israel admiró, e incluso envidió, a las naciones paganas que la rodeaban, olvidando así la adopción, la gloria, los pactos, la ley, las promesas y a los padres. En lugar de acusar a Israel, examinémonos.

7. *De qué nos reímos.* Nadie que respete como debe la sabiduría de Dios diría que la risa tiene algo de malo, dado que el humor es un componente legítimo de nuestra compleja naturaleza. Si no tenemos sentido del humor nos quedamos cortos frente al estándar de la humanidad saludable.

Pero la prueba a la que nos sometemos aquí no es si nos reímos o no, sino de qué nos reímos. Hay cosas que escapan al terreno del humor puro. Por ejemplo, ningún cristiano reverente encuentra que la muerte, el nacimiento o el amor sean cosa de risa. Ningún hombre lleno del Espíritu se reirá de las Sagradas Escrituras, o de la iglesia que Cristo compró con su propia sangre, ni de la oración, la justicia, la tristeza o el sufrimiento humanos. Y sin duda nadie que haya estado en la presencia de Dios se reirá de un chiste que hable de Él.

Estas son algunas pruebas. El cristiano sabio encontrará otras.

25

Los rasgos del hombre espiritual

El concepto de la espiritualidad varía dependiendo de los distintos grupos cristianos. En algunos círculos, a la persona locuaz que siempre habla de religión se la considera muy espiritual; otros aceptan la exuberancia bulliciosa como una señal de espiritualidad, y en algunas iglesias el primero que ora, durante más tiempo y en voz más alta se gana la fama de ser el hombre más espiritual de la asamblea.

Ahora bien, un testimonio vigoroso, las oraciones frecuentes y la alabanza potente pueden ser totalmente coherentes con la espiritualidad, pero es importante que comprendamos que por sí solas no son una prueba de que esté presente.

La verdadera espiritualidad se manifiesta en determinados deseos que nos controlan. Están siempre con nosotros, muy arraigados, y son lo bastante poderosos como para motivar y controlar la vida. Permíteme que los enumere, aunque no pretendo en modo alguno decidir el grado de importancia de cada uno.

1. Tenemos el deseo de ser santos antes que felices. El deseo de felicidad que se encuentra en tantos cristianos que profesan un grado de santidad superior es prueba suficiente de que esa santidad, en el fondo, no existe. El hombre verdaderamente espiritual sabe que Dios nos proporcionará abundante gozo después de que estemos listos para recibirlo sin perjuicio para nuestras

almas, pero no lo exige de inmediato. John Wesley, hablando sobre los miembros de una de las primeras sociedades metodistas, dijo que dudaba de que se hubieran perfeccionado en amor, porque acudían a la iglesia a disfrutar de la religión en vez de a aprender cómo santificarse.

La verdadera espiritualidad se manifiesta en determinados deseos que nos controlan.

2. A un hombre se le puede considerar espiritual cuando quiere honrar a Dios con su vida, incluso cuando esto signifique que él mismo debe padecer durante un tiempo una deshonra o una pérdida. Un hombre así ora diciendo: "Santificado sea tu nombre", y añade en silencio "al precio que sea, Señor". Vive para la honra de Dios mediante una especie de reflejo espiritual. Para él, cualquier elección que conlleve la gloria de Dios ya ha sido hecha antes de que se le presente. No tiene que debatir el asunto con su propio corazón; no hay nada que debatir. La gloria de Dios es necesaria para él; la anhela como busca aire un hombre que se ahoga.

3. El hombre espiritual quiere llevar su cruz. Muchos cristianos aceptan la adversidad o la tribulación suspirando, llamándola "su cruz", olvidando que tales cosas les suceden tanto a santos como a pecadores. La cruz es esa adversidad extra que nos llega como resultado de nuestra obediencia a Cristo. Esta cruz no nos la impone nadie; la tomamos voluntariamente con pleno conocimiento de las consecuencias. Optamos por obedecer a Cristo y, al hacerlo, llevar la cruz.

Llevar la cruz supone estar apegado a la persona de Cristo, comprometido con su señorío y obediente a sus mandamientos. El hombre que tiene ese apego, ese compromiso, esa obediencia, es un hombre espiritual.

4. Una vez más, un cristiano es espiritual cuando lo ve todo

desde el punto de vista de Dios. La capacidad de pesarlo todo en la balanza divina y dar a las cosas el mismo valor que les da Dios es una señal de una vida llena del Espíritu.

Dios mira *a* y *a través* al mismo tiempo. Su mirada no se posa en la superficie, sino que penetra hasta llegar al verdadero significado de las cosas. El cristiano carnal contempla un objeto o una situación pero, como no logra ver más allá de ello, lo que ve le alegra o le desanima. El hombre espiritual puede ver a través de las cosas, como lo hace Dios, y pensar en ellas como el Señor. Insiste en ver todas las cosas como las ve Dios, aunque eso le humille y manifieste su ignorancia hasta hacerle sufrir de verdad.

La capacidad de dar a las cosas el mismo valor que les da Dios es una señal de una vida llena del Espíritu.

5. Otro deseo del hombre espiritual es morir antes que vivir mal. Un rasgo que define al hombre de Dios maduro es que se toma la vida con despreocupación. El cristiano que ama el mundo y se preocupa mucho por su cuerpo, contempla la muerte con un terror sordo en el corazón; pero cuando pasa a vivir en el Espíritu cada vez le resulta más indiferente el número de años que pase aquí abajo, y cada vez es más cuidadoso con el tipo de vida que lleva mientras está aquí. No adquirirá unos días más de vida a cambio de comprometer su testimonio o fracasar. Sobre todo, quiere vivir en justicia, y le gusta que sea Dios quien decida cuánto tiempo vivirá. Sabe que ahora que está en Cristo puede permitirse morir, pero sabe que no puede hacer el mal, y este conocimiento se convierte en un giroscopio que estabiliza su pensamiento y sus actos.

6. Otra señal distintiva del hombre espiritual es el deseo de ver cómo otros progresan gracias a él. Quiere ver a otros cristianos por encima de él, y se siente bien cuando a ellos los ascienden

y a él no. No siente envidia alguna; cuando honran a sus hermanos se siente complacido, porque esa es la voluntad de Dios, y esa voluntad es su cielo en la tierra. Si Dios está contento, él está contento por ese motivo, y si a Dios le complace exaltar a otros por encima de su persona, está satisfecho de que así sea.

7. Normalmente, el hombre espiritual basa sus juicios en la eternidad, no en el tiempo. Mediante la fe escapa a la atracción del mundo y al flujo del tiempo y aprende a pensar y a sentir como alguien que ya ha abandonado esta vida y se ha unido a la compañía innumerable de ángeles y a la asamblea general e Iglesia de los primogénitos inscritos en el cielo. Ese hombre prefiere ser útil que famoso, y servir que ser servido.

Y todo esto se debe a la actuación del Espíritu Santo en su interior. Nadie puede ser espiritual por sus propias fuerzas. Solo el Espíritu libre puede hacer espiritual a una persona.

26

La raíz de los justos

Una gran diferencia entre la fe de nuestros padres tal como ellos la concebían y la misma fe tal como la entienden y la viven sus hijos es que a los padres les interesaba la raíz de las cosas, mientras que sus descendientes modernos, según parece, solo se interesan por el fruto.

Esto se manifiesta en nuestra actitud hacia determinadas grandes almas cristianas cuyos nombres honran las iglesias, como por ejemplo, Agustín y Bernardo en los primeros tiempos, o Lutero y Wesley en épocas más recientes. Hoy escribimos las biografías de tales personas y celebramos su fruto, pero la tendencia es ignorar la raíz de la que nació el fruto. "La raíz de los justos dará fruto", dijo el sabio en Proverbios (12:12). Nuestros padres examinaron la raíz del árbol y estuvieron dispuestos a esperar con paciencia a que brotase el fruto. Nosotros exigimos ese fruto inmediatamente, aunque la raíz pueda ser débil, nudosa o incluso inexistente. Los cristianos modernos impacientes explican las creencias sencillas de los santos de otros tiempos y se toman en broma la manera tan seria que tenían ellos de acercarse a Dios y a las cosas sagradas. Eran víctimas de su propia forma religiosa de ver las cosas, pero fueron almas grandes y firmes que consiguieron disfrutar de una experiencia espiritual satisfactoria y hacer mucho bien en el mundo a pesar de sus limitaciones. De modo que imitaremos su fruto sin aceptar su teología y no nos forzaremos demasiado a adoptar su actitud de "todo o nada" sobre la religión.

Eso decimos (o, más probablemente, lo pensamos sin decirlo), y toda voz sabia, todo dato sobre la experiencia religiosa, toda ley natural nos dice lo mucho que nos equivocamos. La rama que se rompe del árbol durante la tormenta puede producir hojas brevemente, y dar la impresión al que pase por delante de que es una rama sana y fructífera, pero sus tiernos brotes morirán en seguida, y la rama se secará y morirá también. Sin raíz no hay vida duradera.

Hoy día mucho de lo que pasa por ser cristianismo es el esfuerzo breve y luminoso de la rama cortada para dar su fruto a su tiempo. Pero las profundas leyes de la vida están en contra. La preocupación por las apariencias y el abandono consecuente de la raíz invisible de la verdadera vida espiritual son señales proféticas que pocos escuchan. Lo único que importa son los "resultados" inmediatos, pruebas rápidas de éxitos presentes sin pensar en absoluto en la próxima semana o en el año que viene. El pragmatismo religioso se mueve a sus anchas entre lo ortodoxo. La verdad es aquello que funciona. Si obtiene resultados, es bueno. Solo existe una prueba del líder religioso: el éxito. Se le perdona todo menos que fracase.

Sin raíz no hay vida duradera.

Un árbol puede superar casi cualquier tormenta si tiene buenas raíces, pero cuando la higuera que maldijo nuestro Señor se secó "desde las raíces" (Mr. 11:20-21), murió. Una iglesia con buenas raíces no puede ser destruida, pero nada puede salvar a la iglesia cuyas raíces están secas. No hay estímulos, ni campañas publicitarias, ni ofrendas económicas ni edificios hermosos que puedan devolver la vida al árbol sin raíces.

Sin preocuparse por la coherencia de las metáforas, el apóstol Pablo nos exhorta a que procuremos fijarnos en nuestras fuentes. "Arraigados y cimentados en amor" (Ef. 3:17), nos dice, y una vez más exhorta a sus lectores a ser "arraigados y sobreedificados en él" (Col. 2:7), lo cual ve al cristiano tanto como un árbol que debe tener una raíz sólida como un templo que se levanta sobre un cimiento firme.

Toda la Biblia y todos los santos del pasado se unen para decirnos lo mismo. "No den nada por hecho", dicen. "Vuelvan a las raíces. Abran sus corazones y escudriñen las Escrituras. Lleven su cruz, sigan a su Señor y no presten atención a las modas religiosas transitorias. Las masas siempre se equivocan. En cada generación el número de los justos es escaso. Asegúrense de contarse entre ellos".

"El hombre no se afirmará por medio de la impiedad; mas la raíz de los justos no será removida" (Pr. 12:3).

27

Es fácil vivir con Dios

El primer ataque de Satanás contra la raza humana fue su intento astuto de destruir la confianza que tenía Eva en la bondad de Dios. Desgraciadamente para ella y para nosotros, tuvo mucho éxito. Desde ese día los hombres han tenido un mal concepto de Dios, y es esto exactamente lo que les ha quitado el fundamento de la justicia, y les ha llevado a una vida temeraria y destructiva.

Nada distorsiona y deforma más el alma que un concepto bajo o indigno de Dios. Hay determinadas sectas, como la de los fariseos que, aunque sostenían que Dios era severo y austero, se las arreglaron para conservar un grado bastante alto de moralidad externa; pero su justicia solo era exterior. Interiormente eran "sepulcros blanqueados" (Mt. 23:27), como les dijo nuestro propio Señor. Su concepto equivocado de Dios dio como resultado una idea errónea de la adoración. Para un fariseo, el servicio a Dios era una esclavitud que no le gustaba pero de la que no podía escapar sin padecer una pérdida demasiado elevada como para soportarla. El Dios del fariseo no era un Dios con quien fuera fácil vivir, de modo que su religión se volvió sombría, dura y carente de amor. Tenía que ser así, porque nuestro concepto de Dios debe determinar siempre la calidad de nuestra religión.

Buena parte del cristianismo desde los tiempos en que Cristo estuvo en la carne también ha sido sombrío y severo. La causa ha sido siempre la misma: una visión de Dios indigna o inadecuada.

Instintivamente procuramos ser como nuestro Dios y, si le concebimos como alguien sombrío y exigente, nosotros seremos igual.

Dios es el más atractivo de todos los seres, y servirle es un placer indescriptible.

Debido a su incapacidad de comprender bien a Dios hay muchos buenos cristianos que no son felices, incluso en nuestros tiempos. Se piensa que la vida cristiana supone llevar la cruz con abatimiento, sin alivio del cansancio, bajo la mirada de un Padre severo que espera mucho y no excusa nada. Es austero, irritable, muy temperamental y extremadamente difícil de complacer. El tipo de vida que nace de estos conceptos falsos es, necesariamente, una parodia de la verdadera vida de Cristo.

Para nuestro bienestar espiritual es muy importante que siempre tengamos en mente un concepto preciso de Dios. Si creemos que es frío y exigente, nos resultará imposible amarle y nuestras vidas estarán sometidas a un temor servil. Si entendemos que es amoroso y comprensivo, toda nuestra vida interior reflejará esa idea.

Lo cierto es que Dios es el más atractivo de todos los seres, y servirle es un placer indescriptible. Es todo amor, y quienes confían en Él no deben conocer otra cosa que ese amor. Es justo, ciertamente, y no acepta el pecado; pero por medio de la sangre del pacto eterno puede actuar con nosotros exactamente como si nunca hubiéramos pecado. Respecto a los hijos de los hombres que confían, la misericordia de Dios siempre triunfará sobre su justicia.

La comunión con Dios es más preciosa de lo que podamos expresar. Él tiene comunión con sus redimidos de una forma fácil, desinhibida, que relaja y cura el alma. No es susceptible, ni egoísta, ni temperamental. Veremos que lo que Dios es hoy lo será también mañana, y al día siguiente, y el año que viene. No es difícil agradarle, aunque puede ser difícil de satisfacer. Solo espera de nosotros lo que Él nos ha dado primero. Se apresura a destacar cualquier esfuerzo sencillo que hagamos para complacerle, y a pasar por alto las imperfecciones cuando sabe que pretendíamos hacer su voluntad. Nos ama por ser quienes somos, y valora nuestro amor más que galaxias enteras de nuevos mundos recién creados.

Lamentablemente, muchos cristianos no consiguen librarse de sus conceptos distorsionados de Dios, que envenenan sus corazones y destruyen su libertad interior. Estos amigos sirven a Dios de mala gana, como hizo el hermano mayor de la parábola, haciendo lo que está bien sin entusiasmo ni alegría, y parecen incapaces de entender la celebración vivaz y gozosa que tiene lugar cuando vuelve a casa el hijo pródigo. La idea de Dios que tienen esas personas descarta la posibilidad de que Él se alegre en su pueblo, y atribuyen lo cantos y los gritos al más puro fanatismo. Son almas infelices, condenadas a seguir avanzando por su melancolía, decididas firmemente a hacer el bien aunque se hundan los cielos, y a estar en el bando ganador el día del juicio.

¡Qué bueno sería si descubriésemos que es fácil vivir con Dios! Él recuerda nuestra naturaleza y sabe que somos polvo. Es cierto que a veces nos reprende, pero incluso eso lo hace con una sonrisa, la sonrisa orgullosa y tierna de un Padre que está enamorado de un hijo imperfecto y prometedor, que cada día intenta parecerse más y más a aquel de quien es hijo.

Algunos de nosotros estamos inquietos y cohibidos en nuestro entorno religioso porque sabemos que Dios conoce todos nuestros pensamientos y nuestra forma de ser. No hace falta que lo estemos. Dios es la suma de la paciencia y la esencia de la buena voluntad amorosa. Cuando más le complacemos no es cuando intentamos ser buenos, sino al arrojarnos en sus brazos con todas nuestras imperfecciones, creyendo que Él lo comprende todo y aun así nos ama.

28

CÓMO RECIBIR UNA AMONESTACIÓN

Un pasaje breve y curioso del libro de Eclesiastés habla del "rey viejo y necio que no admite consejos" (4:13).

No es difícil entender por qué un rey viejo, sobre todo si además era necio, creería que estaba por encima de todos los consejos. Después de haber dado órdenes durante años, es fácil que organice una psicología de autoconfianza que le impida aceptar la idea de que otros le puedan aconsejar. Durante mucho tiempo su palabra había sido la ley y, para él, lo *acertado* era sinónimo de su voluntad, y lo *equivocado* todo aquello que se opusiera a sus deseos. Pronto expulsó de su mente la posibilidad de que hubiera alguien lo bastante sabio o bueno como para reprenderle. Para caer en este tipo de red hay que ser un rey necio, y para dar lugar a que esa red se fortalezca tanto que no se pueda romper hay que ser viejo, y además hace falta tiempo para acostumbrarse tanto a ella que uno ya no sea consciente de su existencia.

Independientemente de cuál fuera el proceso moral por el que llegó a este estado endurecido, la campana ya había sonado para él. En todos los sentidos era un hombre perdido. Su cuerpo avejentado y gastado aún funcionaba lo bastante como para ofrecerle una especie de tumba móvil donde albergar un alma que ya estaba muerta. La esperanza se había desvanecido hacía mucho tiempo. Dios le había abandonado a su orgullo letal. Y pronto moriría también físicamente, y moriría como mueren los necios.

Una característica de Israel en diversos períodos de su historia, que fueron seguidos siempre por un juicio, fue un estado del corazón que rechazaba la amonestación. Cuando Cristo vino a los judíos los encontró llenos de esa autoconfianza arrogante que no aceptaba reprensiones. "Linaje de Abraham somos" (Jn. 8:33), dijeron fríamente cuando les habló de sus pecados y de su necesidad de salvación. La gente sencilla le escuchó y se arrepintió, pero los sacerdotes judíos llevaban demasiado tiempo dirigiéndolo todo como para renunciar a su posición privilegiada. Como aquel viejo rey, se habían acostumbrado a tener razón en todo momento. Reprenderles era insultarles. Estaban más allá de toda reprensión.

> **A menudo un enemigo es más útil que un amigo, porque en su opinión no influye la simpatía que siente por ti.**

Las iglesias y las organizaciones cristianas han evidenciado la tendencia a caer en el mismo error que destruyó a Israel: la incapacidad de recibir amonestación. Después de un tiempo de crecimiento y de trabajo exitoso aparece la psicología mortal que consiste en felicitarnos a nosotros mismos. El propio éxito se convierte en la causa de fracasos posteriores. Los líderes llegan a aceptarse como elegidos de Dios. Son objetos especiales del favor divino; su éxito es prueba más que suficiente de que es así. Por consiguiente, seguro que tienen razón, y todo el que intente llamarles la atención queda descartado de inmediato como un entrometido injustificado al que debería darle vergüenza acusar a sus mayores.

Si alguien imagina que solo estoy jugando con las palabras, que se acerque a cualquier líder religioso y llame su atención sobre los puntos débiles y los pecados de su organización. Seguro que enseguida se lo quitan de encima, y si se atreve a insistir le presentarán informes y estadísticas que demuestren que está totalmente equivocado y fuera de lugar. La esencia de la defensa será "linaje de Abraham somos". ¿Y quién se atreve a encontrar defectos en el linaje de Abraham?

Quienes ya han llegado a ese estado en el que no soportan recibir amonestaciones seguramente no se beneficiarán de esta advertencia. Después de que un hombre ha caído por un precipicio no hay mucho que podamos hacer por él; pero podemos colocar indicadores en el camino para evitar que al siguiente viajero le pase lo mismo. Veamos unos pocos de ellos:

No defiendas a tu iglesia o a tu organización frente a las críticas. Si son falsas, no pueden hacer daño. Si son ciertas, mejor que las atiendas y hagas algo al respecto.

No te preocupes por lo que has conseguido sino por lo que podrías haber alcanzado si hubieras seguido al Señor por completo. Es mejor decir (y sentir) "Siervos inútiles somos, pues lo que debíamos hacer, hicimos" (Lc. 17:10).

Cuando te amonesten, no te fijes en la fuente. No te preguntes si quien te reprende es un amigo o un enemigo. A menudo un enemigo es más útil que un amigo, porque en su opinión no influye la simpatía que siente por ti.

Mantén el corazón abierto a la corrección del Señor y está dispuesto a recibir su disciplina, sin importar quién sostenga el látigo. Todos los grandes santos aprendieron a recibir con gracia unos azotes, y ese fue seguramente uno de los motivos por los cuales fueron grandes santos.

29

El gran dios Entretenimiento

Hace muchos años, un filósofo alemán dijo que cuanto más tiene un hombre en su corazón, menos necesita de lo que hay fuera; la necesidad excesiva de apoyo externo es prueba de la bancarrota del hombre interior.

Si esto es así (y yo opino que sí), el apego presente y desordenado a todo tipo de ocio es una evidencia de que la vida interior del hombre moderno padece una decadencia grave. El hombre medio no tiene un núcleo central de seguridad moral, una fuente en su pecho, la fortaleza interior que le sitúe por encima de la necesidad de recibir inyecciones psicológicas reiteradas para tener valor y seguir viviendo. Se ha convertido en un parásito del mundo, extrayendo su vida de su entorno, incapaz de vivir un solo día lejos de la estimulación que le proporciona la sociedad.

Schleiermacher sostuvo que en la raíz de toda adoración religiosa se halla la sensación de dependencia y que, por muy alto que llegue la vida espiritual, siempre debe partir de una profunda sensación de gran necesidad que solo Dios puede satisfacer. Si este sentido de necesidad y ese sentimiento de dependencia son la raíz de la religión natural, no es difícil entender por qué el gran dios Entretenimiento recibe la ferviente adoración de tantas personas. Y es que hay millones que no pueden vivir sin diversión; para ellos, la vida sin algún tipo de entretenimiento es intolerable; esperan el bendito alivio que les proporcionan los artistas profesionales y otros tipos de narcóticos psicológicos, como un adicto a la droga espera su inyección diaria de heroína. Sin ellos, no podrían reunir el coraje suficiente para seguir viviendo.

Nadie dotado de un sentimiento humano normal objetará a los placeres sencillos de la vida, ni a esas formas de entretenimiento inofensivas que pueden ayudar a relajar los nervios y a refrescar la mente agotada por el esfuerzo. Cuando se usan con discreción, tales cosas pueden ser una bendición en el camino. Eso es una cosa. La devoción exclusiva al entretenimiento como actividad esencial para y por la que viven los hombres es, claramente, otra cosa muy distinta.

El abuso de las cosas inofensivas es la esencia del pecado. El hecho de que la fase del entretenimiento haya alcanzado semejantes proporciones en la vida humana es un presagio, una amenaza para el alma del hombre moderno. Se ha convertido en un negocio multimillonario, que tiene más poder sobre la mente y el carácter humanos que cualquier otra influencia educativa sobre la tierra. Y lo más peligroso es que ese poder es casi exclusivamente maligno, pudre la vida interior, expulsa los pensamientos largos y eternos que llenarían las almas de las personas si fueran dignas de tenerlos. Y todo ese asunto se ha convertido en una verdadera religión que aferra a sus devotos con una fascinación extraña, y es una religión, dicho sea de paso, a la que es peligroso criticar.

Durante siglos, la iglesia se resistió firmemente a todo tipo de entretenimiento humano, reconociéndolo por lo que era: un instrumento para perder el tiempo, un refugio frente a la voz perturbadora de la conciencia, una estratagema para apartar la atención de la responsabilidad moral. Debido a esta actitud los hijos de este mundo la maltrataron. Pero últimamente la iglesia se ha cansado del maltrato y ha renunciado a la lucha. Parece ser que ha decidido que si no puede vencer al gran dios Entretenimiento le irá mejor si une sus fuerzas con él y utiliza los poderes de esa deidad. De manera que hoy día contemplamos el asombroso espectáculo de cómo se destinan millones de dólares a esa misión impía que es proporcionar entretenimiento terrenal a los supuestos hijos del cielo. En muchos lugares, el entretenimiento religioso está ganando terreno rápidamente a las cosas serias de Dios. En nuestros tiempos muchas iglesias se han convertido en poco más que en cines baratos, donde "productores" de quinta categoría venden sus mercancías de mala calidad con la plena aprobación de los líderes evangélicos que incluso logran citar algún pasaje que defiende esta delincuencia. Y apenas hay nadie que se atreva a levantar su voz en contra.

El abuso de las cosas inofensivas es la esencia del pecado.

El gran dios Entretenimiento divierte a sus devotos sobre todo contándoles historias. El afán por las historias, que es una característica de la infancia, se ha adueñado de las mentes de los santos retrasados de nuestros tiempos, hasta el punto de que bastantes personas logran vivir muy cómodamente contando cuentos y repartiéndolos bajo diversos disfraces a quienes asisten a la iglesia. Lo que resulta natural y hermoso en un niño puede ser preocupante cuando sigue ahí en la edad adulta, y más cuando aparece en el santuario e intenta venderse como auténtica religión.

¿No es extraño que aun teniendo la sombra de la destrucción atómica pendiendo sobre este mundo, y con la venida de Cristo acercándose cada vez más, los presuntos seguidores del Señor se entreguen a las diversiones religiosas? ¿Que en un momento en que son tan necesarios los santos maduros haya un gran número de creyentes que vuelvan a la infancia espiritual y pidan a gritos juguetes religiosos?

"Acuérdate, oh Jehová, de lo que nos ha sucedido; mira, y ve nuestro oprobio... Cayó la corona de nuestra cabeza; ¡ay ahora de nosotros! porque pecamos. Por esto fue entristecido nuestro corazón, por esto se entenebrecieron nuestros ojos" (Lm. 5:1, 16-17). Amén, amén.

30

Enseñado por la Biblia o por el Espíritu

Puede que a algunos lectores les sorprenda mi sugerencia de que existe una diferencia entre aprender de la Biblia y aprender del Espíritu. A pesar de eso, así es.

Es perfectamente posible estar instruido en los rudimentos de la fe y aun así no entender bien todo el asunto. Y es posible convertirse en un experto en doctrina bíblica y no tener iluminación espiritual, con el resultado de que un velo oscurece la mente, impidiendo captar la verdad en su esencia espiritual.

La mayoría de nosotros estamos familiarizados con iglesias que enseñan la Biblia a sus hijos desde que son bien pequeños; les instruyen a fondo sobre el catecismo, luego los llevan a clases que imparte el pastor y aun así no consiguen producir en ellos un cristianismo vivo ni una santidad saludable. Sus miembros no evidencian haber pasado de muerte a vida. Entre ellos no se ve ninguna de las características de la salvación que se detallan con tanta claridad en las Escrituras. Sus vidas religiosas son correctas y razonablemente morales, pero totalmente mecánicas y carentes de luz. Llevan su

Para entender las Escrituras hay que leerlas con el mismo Espíritu que las inspiró originariamente.

fe como las personas de luto llevaban antes brazaletes negros, para manifestar su amor y respeto por la persona fallecida.

A esas personas no se las puede considerar hipócritas. Muchas de ellas se lo toman todo patéticamente en serio. Sencillamente, son ciegas. Debido a la ausencia del Espíritu vital, se ven obligadas a ir viviendo con la cáscara externa de la fe, mientras en todo momento en lo profundo de su corazón tienen hambre de una realidad espiritual, y no saben cuál es su problema.

La diferencia entre la religión del credo y la religión del Espíritu la expresa muy bien Tomas de Aquino en una breve y tierna oración que hace a su Señor:

> En el pasado, los hijos de Israel dijeron a Moisés: "Habla tú con nosotros, y nosotros oiremos; pero no hable Dios con nosotros, para que no muramos". Que no sea así, Señor, te lo ruego, sino que juntamente con el profeta Samuel te ruego con humildad y sinceridad: "Habla, Jehová, porque tu siervo oye". No quiero que me hable Moisés ni ninguno de los profetas, sino tú mismo, oh Señor Dios, el inspirador, el iluminador de todos los profetas; porque tú solo, sin ellos, puedes instruirme a la perfección, pero ellos sin ti no pueden hacer nada. Es cierto que pueden pronunciar palabras, pero no pueden dar el Espíritu. Hablan con palabras hermosas, pero si tú callas, aquellas no inflaman el corazón. Enseñan la letra, pero tú desvelas el sentido; manifiestan sus misterios, pero tú desvelas el significado de las cosas selladas... Solo obran externamente, pero tú instruyes e iluminas el corazón... Claman con palabras, pero tú impartes comprensión al que escucha.

Sería difícil condensarlo mejor que en esta oración. Ha habido otros que han dicho lo mismo; sin embargo, seguramente el dicho más familiar es: "Para entender las Escrituras hay que leerlas con el mismo Espíritu que las inspiró originariamente". Nadie niega esto, pero incluso una afirmación como esta pasará como el viento por la mente de quienes la escuchen a menos que el Espíritu Santo inflame su corazón.

Los liberales nos acusan a menudo de ser "bibliólatras", y seguramente esto no es así en el mismo sentido en que lo usan nuestros detractores; pero si somos sinceros y nos analizamos nos veremos obligados a admitir que esa acusación contiene una gran verdad. Entre las personas religiosas con una ortodoxia incuestionable se encuentra a menudo una apagada dependencia de la letra del texto, sin la menor comprensión de su espíritu. Si queremos conocer la verdad, no debemos olvidar en ningún momento el hecho de que esta es, esencialmente, espiritual. El propio Jesucristo es la verdad, y no puede estar limitado a meras palabras aunque, como creemos ardientemente, Él mismo las haya inspirado. Por eso lo espiritual no puede estar contenido en tinta ni limitado por las fronteras de las letras y el papel. Lo máximo que puede hacer un libro es darnos la letra de la verdad. Si recibimos algo más que esto, es el Espíritu Santo quien nos lo da.

La gran necesidad actual de las personas hambrientas espiritualmente es doble: primero, conocer las Escrituras, sin las cuales nuestro Señor no ofrecerá ninguna verdad salvadora; segundo, ser iluminados por el Espíritu, aparte del cual no comprendemos las Escrituras.

31

LA CRUZ ES ALGO RADICAL

La cruz de Cristo es lo más revolucionario de toda la historia humana.

La cruz de la antigüedad romana no conocía medias tintas; no hacía concesiones. Ganaba todas las discusiones matando al oponente y haciéndole callar para siempre. No tuvo miramientos con Cristo, sino que lo mató como a los demás. Cuando lo colgaron en aquella cruz el Señor estaba vivo, y cuando lo bajaron de ella seis horas después estaba completamente muerto. Aquella fue la primera vez que apareció la cruz en la historia cristiana.

Después de que Cristo resucitase de los muertos, los apóstoles siguieron proclamando su mensaje, y lo que predicaron fue la cruz. Y fueran donde fuesen por el ancho mundo, llevaban la cruz, y el mismo poder revolucionario los acompañaba. El mensaje radical de la cruz transformó a Saulo de Tarso y le hizo pasar de ser perseguidor de los cristianos a ser un creyente tierno y un apóstol de la fe. El poder del mensaje transformó a hombres malos en buenos. Sacudió la larga esclavitud al paganismo y alteró por completo la actitud moral e intelectual del mundo occidental. Hizo todo esto y siguió haciéndolo mientras se le permitió ser lo que había sido originariamente, una cruz. Su poder desapareció cuando pasó de ser un instrumento de muerte a un objeto hermoso. Cuando los hombres la convirtieron en un símbolo, se la colgaron al cuello como adorno o trazaron su forma delante de sus rostros como una señal mágica con la que espantar al mal, se convirtió como máximo en un emblema débil, y en el otro extremo en un fetiche positivo. Así es como la reverencian hoy millones de personas que desconocen totalmente su poder.

La cruz cumple sus propósitos destruyendo un patrón establecido, el de la víctima, y creando otro patrón, el propio. Así, siempre se sale con la suya. Vence derrotando a sus oponentes e imponiendo su voluntad sobre ellos. Siempre domina. Nunca cede terreno, nunca regatea ni dialoga, nunca renuncia a nada por preservar la paz. La paz le da lo mismo; solo le importa acabar con sus adversarios lo más rápido que sea posible.

Debemos hacer algo respecto a la cruz, y solo podemos hacer una de dos cosas: huir de ella o morir en ella.

Cristo, que tenía un conocimiento perfecto de esto, dijo: "Si alguno quiere venir en pos de mí, niéguese a sí mismo, y tome su cruz, y sígame" (Mt. 16:24). De modo que la cruz no solo acaba con la vida de Cristo, sino también con la primera vida, la vida vieja, de todos y cada uno de sus seguidores. Destruye el patrón antiguo en la vida del creyente —el de Adán— y le pone fin. Entonces, el Dios que levantó a Cristo de los muertos levanta al creyente, y así empieza una vida nueva.

Esto, y nada menos que esto, es el verdadero cristianismo, aunque no podemos sino reconocer la profunda diferencia entre este concepto y aquel que sostiene hoy la inmensa mayoría de los evangélicos. Pero no nos atrevemos a calificar nuestra postura. La cruz se eleva muy por encima de las opiniones de los hombres, y todas las opiniones deberán acudir a ella para recibir su juicio. El liderazgo superficial y mundano quisiera modificar la cruz para complacer a esos presuntos santos encantados con el entretenimiento que quieren divertirse incluso en el santuario;

pero hacerlo es invitar a una catástrofe espiritual, y arriesgarse a provocar la ira del Cordero hecho León.

Debemos hacer algo respecto a la cruz, y solo podemos hacer una de dos cosas: huir de ella o morir en ella. Y, si somos lo bastante necios como para huir, con este acto rechazaremos la fe de nuestros padres y convertiremos el cristianismo en algo que no es. Entonces solo nos quedará el lenguaje vacío de la salvación; cuando nos alejemos de la verdadera cruz, el poder se esfumará.

Si somos sabios, haremos lo que hizo Jesús: soportar la cruz y menospreciar la vergüenza por el gozo puesto delante de nosotros (ver He. 12:2). Hacer esto conlleva someter todo el patrón de nuestras vidas para que sea destruido y reconstruido en el poder de una vida sin fin. Y descubriremos que esto es algo más que poesía, más que unos himnos dulces y unos sentimientos elevados. La cruz penetrará en nuestras vidas en los lugares que más nos duela, sin respetarnos ni respetar nuestras reputaciones tan bien cultivadas. Nos derrotará y pondrá fin a nuestras vidas egoístas. Solo entonces podremos alzarnos en plenitud de vida para establecer un patrón de vida totalmente nuevo y libre y lleno de buenas obras.

La actitud cambiada hacia la cruz que apreciamos en la ortodoxia moderna no demuestra que Dios ha cambiado, ni que Cristo ha suavizado su exigencia de que carguemos la cruz; significa más bien que el cristianismo moderno se ha alejado de los estándares del Nuevo Testamento. En realidad, nos hemos distanciado tanto que para devolver la cruz al lugar que le corresponde en la teología y en la vida de la iglesia podría hacer falta nada menos que una nueva Reforma.

32

El informe del observador

Si algún observador o ser santo del mundo luminoso de arriba viniera a vivir entre nosotros con la capacidad de diagnosticar los males espirituales de las personas que frecuentan la iglesia, estoy seguro de que habría una entrada que aparecería en la inmensa mayoría de los informes: *evidencia clara de apatía espiritual crónica; nivel de entusiasmo moral extremadamente bajo.*

Lo que hace que este problema sea especialmente significativo es que los estadounidenses, por naturaleza, no son personas poco entusiastas. En realidad, tienen fama en todo el mundo de ser precisamente lo contrario. Los visitantes que llegan a nuestras costas desde otros países nunca dejan de sorprenderse por el vigor y la energía con los que abordamos nuestros problemas. Vivimos a un ritmo febril, y ya sea levantando edificios, construyendo autopistas, fomentando actividades deportivas, celebrando días especiales o dando la bienvenida a los héroes que regresan al hogar, siempre lo hacemos con una ostentación exagerada. Nuestro edificio será más alto, nuestra autopista más ancha, nuestra competición atlética más colorida, nuestra celebración más elaborada y más cara de lo que lo serían en cualquier otro lugar del mundo. Caminamos más rápido, conducimos más rápido, ganamos más dinero, gastamos más y padecemos un grado de hipertensión más alto que los habitantes de cualquier otro país del mundo.

Solo hay un campo del interés humano en el que somos lentos y apáticos: el de la religión personal. En este terreno, por algún extraño motivo, nuestro entusiasmo decae. Normalmente, las personas que frecuentan la iglesia abordan la cuestión de su relación personal con Dios de un modo apagado, indiferente, que no encaja con su temperamento general y es totalmente incompatible con la importancia que tiene el tema.

Es cierto que estamos inmersos en muchas actividades religiosas. Torneos de baloncesto entre iglesias, fiestas religiosas acuáticas seguidas de devocionales, excursiones de fin de semana con examen bíblico en torno a la fogata, picnics de la escuela dominical, reuniones para recaudar fondos y desayunos ministeriales; estamos rodeados de un número increíble de estas actividades, que realizamos con el típico entusiasmo estadounidense. Cuando perdemos todo entusiasmo es al entrar en el recinto sagrado de la religión personal del corazón.

El hombre lleno del Espíritu puede vivir, literalmente, en un estado de fervor espiritual.

Por lo tanto, nos encontramos en una situación extraña y contradictoria: un mundo de actividad religiosa ruidosa, apresurada, que llevamos a cabo sin energía moral ni fervor espiritual. Después de viajar un año por todas las iglesias apenas encontramos un creyente cuyo recuento sanguíneo sea normal y cuya temperatura sea estable. La emoción y la excitación del alma enamorada hay que buscarlas en el Nuevo Testamento o en las biografías de los santos; pero las buscamos en vano entre los presuntos seguidores de Cristo en nuestra época.

Ahora bien, si hay una realidad dentro de toda la esfera de la experiencia humana que sea, por su propia naturaleza, digna de desafiar la mente, encantar el corazón y condensar toda la vida en un punto ardiente, es la realidad que gira en torno a la persona de Cristo. Si Él es quien es y lo que el mensaje cristiano declara que es, entonces pensar en Él debe ser la actividad más emocionante, más estimulante, que realice la mente humana. No es difícil comprender que Pablo uniera en un solo versículo el vino y el Espíritu: "No os embriaguéis con vino, en lo cual hay disolución; antes bien sed llenos del Espíritu" (Ef. 5:18). Cuando el Espíritu presenta a Cristo a nuestra visión interior, esto produce un efecto estimulante en el alma, como lo hace el vino en el cuerpo. El hombre lleno del Espíritu puede vivir, literalmente, en un estado de fervor espiritual cercano a la embriaguez ligera y pura.

Dios vive en un estado de entusiasmo perpetuo. Se deleita en todo lo que es bueno, y le preocupa cariñosamente todo lo que está mal. Siempre hace sus obras con la plenitud del celo santo. No es de extrañar que en Pentecostés el Espíritu descendiera como el sonido de un viento poderoso y se posara como lenguas de fuego sobre cada uno de los presentes. Al hacerlo, actuó como una de las Personas de la bendita Trinidad.

Sin tener en cuenta qué más pasó en Pentecostés, algo que no puede pasar por alto ni siquiera el observador más informal es el aumento repentino de entusiasmo moral. Aquellos primeros discípulos ardían con un fuego constante e interior. Llevaban su entusiasmo al punto del abandono completo de sus personas.

Dante, realizando su viaje imaginario por el infierno, encontró a un grupo de almas perdidas que suspiraban y gemían sin cesar, mientras giraban sin rumbo por el aire tenebroso. Virgilio, su guía, le explica que esas almas fueron "los miserables", aquellos "que casi no tuvieron alma", quienes mientras vivieron en el mundo no tuvieron la energía moral suficiente para ser ni buenos ni malos. No obtuvieron ni alabanzas ni reprensiones. Y con ellos, compartiendo su castigo, estaban aquellos ángeles que no se pusieron de parte de Dios ni de Satanás. El destino de todos los débiles e irresolutos debía quedar suspendido para siempre entre un infierno que los despreciaba y un cielo que no pensaba recibir su presencia contaminada. Ni siquiera sus nombres debían pronunciarse de nuevo en el cielo, la Tierra o el infierno. "Míralos", dijo el guía, "y sigue tu camino".

¿Es posible que Dante estuviera diciendo, a su manera, lo mismo que había dicho mucho antes nuestro Señor a la iglesia de Laodicea: "¡Ojalá fueses frío o caliente! Pero por cuanto eres tibio, y no frío ni caliente, te vomitaré de mi boca" (Ap. 3:15-16)?

Es posible que el bajo nivel de entusiasmo moral entre nosotros tenga un significado mucho más profundo de lo que estamos dispuestos a creer.

33

La exposición debe tener una aplicación

Charles G. Finney creía que la enseñanza bíblica sin aplicación moral podía ser peor que no recibir enseñanza alguna, y podría causar un perjuicio a sus oyentes. A mí antes me parecía que esta era una postura extrema, pero, después de años de observación, la he aceptado o, al menos, tengo una visión casi idéntica a ella.

La verdad, tal como se expresa en las Escrituras cristianas, es algo moral; no va dirigida solamente al intelecto, sino también a la voluntad.

Pocas cosas hay tan aburridas y carentes de sentido como la doctrina bíblica enseñada porque sí. La verdad separada de la vida no es una verdad en su sentido bíblico, sino otra cosa, y además es menos que verdad. La teología es un conjunto de hechos acerca de Dios, el hombre y el mundo. Estos datos pueden ser, y a menudo son, expresados como valores por sí mismos; y ahí estriba la trampa tanto para el maestro como para el oyente.

La Biblia es, entre otras cosas, un libro de verdad revelada. Es decir, en ella se revelan determinados hechos que no podría descubrir ni siquiera la mente más brillante. Tales hechos tienen una naturaleza tal que es imposible descubrirlos. Estaban ocultos detrás de un velo y, hasta que algunos hombres que los transmitieron tal como fueron motivados a hacerlo por el Espíritu Santo retiraron ese velo, ningún hombre mortal podía conocerlos. Esta retirada del velo del desconocimiento que cubría las cosas imposibles de descubrir es lo que llamamos revelación divina.

Sin embargo, la Biblia es más que un volumen que recoge datos sobre Dios, el hombre y el universo que antes eran desconocidos. Por mucho, la mayor parte de la Biblia se dedica al esfuerzo urgente de convencer a las personas para que cambien su forma de vivir y la armonicen con la voluntad de Dios tal como se expresa en sus páginas.

Nadie es mejor por descubrir que al principio Dios creó los cielos y la tierra. El diablo sabe esto, como lo supieron Acab y Judas Iscariote. Nadie es mejor por saber que Dios amó al mundo de los hombres hasta el punto de entregar a su propio Hijo unigénito para morir con objeto de redimirlos. En el infierno hay millones de seres que saben eso. La verdad teológica es inútil a menos que se la obedezca. El propósito detrás de toda doctrina es garantizar un acto moral.

Lo que normalmente se pasa por alto es que la verdad, tal como se expresa en las Escrituras cristianas, es algo moral; no va dirigida solamente al intelecto, sino también a la voluntad. Se dirige al hombre completo, y no basta con comprenderla intelectualmente. La verdad asalta la ciudadela del corazón humano, y no está satisfecha hasta que ha conquistado todo lo que hay en ella. La voluntad debe adelantarse y entregar su espada. Debe estar atenta para recibir órdenes, que debe obedecer con gozo. Todo conocimiento de la verdad cristiana que no llegue a esta altura es tan inadecuado como inútil.

La exposición bíblica sin aplicación moral no suscita ninguna oposición. Cuando se produce una resistencia es cuando al oyente se le hace entender que la verdad está en conflicto con su corazón. Mientras la gente pueda escuchar la verdad ortodoxa separada de la vida, asistirán a los cultos, y respaldarán a iglesias y a instituciones sin objeción alguna. La verdad es una canción encantadora, endulzada gracias a asociaciones largas y tiernas; y dado que lo único que pide son unos pocos dólares, y ofrece buena música, amistades agradables y una sensación cómoda de bienestar, los fieles no se resisten a ella. Buena parte de lo que pretende ser cristianismo del Nuevo Testamento es poco más que una verdad objetiva que el entretenimiento religioso endulza con canciones y adapta al consumo público.

Es probable que ningún otro pasaje de las Escrituras se pueda comparar con las epístolas paulinas por lo que respecta a crear santos artificiales. Pedro advirtió que los incultos y los inestables distorsionarían los escritos de Pablo para su propia destrucción, y solo tenemos que visitar el seminario bíblico más cercano y escuchar unas cuantas conferencias para saber qué quería decir. Lo más inquietante es que las doctrinas paulinas se pueden enseñar con una fidelidad absoluta al texto pero sin hacer que los oyentes mejoren ni una pizca. El maestro puede impartir la verdad, y a menudo lo hace, pero sin que sus oyentes tengan un sentido de obligación moral.

Un motivo para el divorcio entre verdad y vida puede ser la falta de la iluminación del Espíritu. Otra es, sin duda, la falta de disposición por parte del maestro para crearse problemas. Todo hombre que tenga el don de predicar desde un púlpito puede llevarse bien con la congregación media si se limita a "alimentarles" y los deja en paz. Si les da muchas verdades objetivas sin sugerir jamás que están equivocados y que deben solucionar eso, ellos estarán contentos.

Por otro lado, el hombre que predica la verdad y la aplica a las vidas de sus oyentes sentirá los clavos y las espinas. Tendrá una vida dura, pero gloriosa. ¡Que Dios levante a profetas así! La iglesia los necesita desesperadamente.

34

CUIDADO CON LA MENTALIDAD "DE ARCHIVADOR"

La esencia de la verdadera religión es la espontaneidad, el movimiento soberano del Espíritu Santo en el espíritu libre de los hombres redimidos. A lo largo de los años de la historia de la humanidad, esta ha sido la señal distintiva de la excelencia espiritual, la evidencia de la realidad en un mundo de irrealidad.

Cuando la religión pierde su carácter soberano y se convierte en mera forma, esta espontaneidad también se pierde, y en su lugar hallamos el precedente, el decoro, el sistema... y la mentalidad "de archivo".

Detrás de este tipo de mentalidad de archivo encontramos la creencia de que la espiritualidad se puede organizar. Luego se introducen en la religión las ideas que no tienen nada que ver con ella: números, estadísticas, la ley de los promedios y otros factores naturales y humanos. Y a continuación llega siempre la muerte progresiva.

Ahora bien, un archivador es algo bastante inofensivo y tiene mucha utilidad para diversos propósitos. Es genial para mantener una lista de asistencia a la escuela dominical, y para tener una lista de correo en condiciones, lo que es casi imprescindible. Es algo positivo en su lugar, pero mortal fuera de él. Su peligro radica en la tendencia humana bien conocida de depender de ayudas externas para gestionar cosas internas.

Cuando el archivo empieza a dirigir la vida cristiana, inmediatamente se convierte en una molestia y en una maldición. Cuando las fichas salen del archivador para entrar en el corazón humano, ¡ay de nosotros! Lo único que puede librar a la víctima de su destino es una revolución espiritual interna.

Así es como funciona el archivador cuando penetra en la vida cristiana y empieza a forjar hábitos mentales: divide la Biblia en secciones que encajan con los días del año y obliga al cristiano a leer de acuerdo con una pauta. Da lo mismo lo que el Espíritu Santo intente decirle a una persona: esta seguirá leyendo lo que le indique la tarjeta, marcando su progreso obedientemente todos los días.

Todo santo guiado por el Espíritu sabe que hay momentos en los que una presión interna le remite a un capítulo, o incluso a un versículo, durante varios días seguidos, mientras lucha con Dios hasta que alguna verdad hace su obra dentro de él. Para esa persona, dejar el pasaje presente cambiándolo por un programa de lectura preestablecido es totalmente imposible. Está en manos del Espíritu libre, y la realidad se le aparece para quebrantar, humillar, elevar, liberar y animar. Pero solo el alma libre puede conocer la gloria de esto. El corazón limitado por un sistema nunca podrá disfrutar de esta experiencia.

La gloria del evangelio radica en su libertad.

El esclavo del archivador pronto descubre que sus oraciones pierden su libertad y se vuelven menos espontáneas, menos eficaces. Se preocupa por cosas que no deberían preocuparle en absoluto: cuánto tiempo dedicó ayer a la oración, si oró o no por todas las cosas que tenía apuntadas en la lista, si se levanta tan temprano como solía hacerlo para orar o si ora hasta la madrugada. Inevitablemente, el calendario ahoga al Espíritu y la esfera del reloj oculta el rostro de Dios. La oración deja de ser el aliento libre del alma rescatada y se convierte en un deber que hay que cumplir. Incluso si, dadas esas circunstancias, consigue que su oración sirva de algo, sigue padeciendo pérdidas trágicas y cargando en su alma un yugo del que Cristo lo liberó mediante su muerte.

También el pastor debe tener cuidado de no ser una víctima del archivador. Desde el camino de acceso parece buena idea establecer un sistema de temas para sermones, haciendo un mapa de las doctrinas bíblicas como un agricultor divide sus parcelas, dedicando una cantidad determinada de tiempo durante el año a exponer sermones sobre diversas verdades de la Biblia, de modo que al final de un período dado habrá concedido la debida atención a cada una de ellas. En teoría esto debería ser positivo, pero acabará con cualquier hombre que lo aplique, y también matará a su iglesia; y una característica de este tipo de muerte es que ni el pastor ni la iglesia son conscientes de lo que les ha pasado.

Los responsables de las actividades eclesiales y los obreros del evangelio deben tener cuidado con la trampa del archivador. Es mortal y actúa para apagar la operación espontánea del Espíritu. Nadie tiene que morir, nadie tiene que orar con paciencia y sufrimiento en la presencia de Dios mientras el Espíritu Santo imparte su soberana voluntad a su corazón creyente. No es necesaria ninguna visión de Dios, alto y sagrado, ninguna revelación impactante de impureza interna, ni el dolor que provoca en los labios un carbón encendido.

La gloria del evangelio radica en su libertad. Los fariseos, que eran esclavos, odiaban a Cristo porque era libre. La batalla por la liberad espiritual no acabó cuando nuestro Señor resucitó de los muertos. Sigue en marcha y, en un grado trágico, los hijos de la libertad la están perdiendo. Muchos que conocen lo que hay que saber renuncian a sus libertades después de librar un combate mínimo. Les resulta más fácil consultar la ficha que orar en un lugar de iluminación espiritual y con una seguridad profética interna.

Realmente, Sion tendrá motivos para llorar cuando la raza de los hombres libres se extinga en la iglesia y la obra de Dios sea confiada al manipulador de fichas de archivo.

35

USO Y ABUSO DEL HUMOR

Pocas cosas resultan tan útiles en la vida cristiana como un amable sentido del humor, y pocas cosas son tan letales como un sentido del humor descontrolado.

Muchos pierden la carrera de la vida debido a su frivolidad. Pablo nos advierte de esto. Dice claramente que el talante característico de los cristianos no debería ser un parloteo burlón y necio, sino la acción de gracias (ver Ef. 5:1-5). Es significativo que en este pasaje el apóstol incluya la ligereza en la misma categoría que la impureza, la codicia y la idolatría.

Ahora bien, está claro que una apreciación de lo humorístico no es mala en sí misma. Cuando Dios nos creó incluyó en nuestros genes un sentido del humor como rasgo inherente, y el ser humano normal posee este don al menos en cierto grado. La fuente del humor es la capacidad de percibir lo incongruente. Las cosas desenfocadas nos parecen graciosas, y pueden provocar en nosotros una diversión que expresamos con la risa.

Los dictadores y los fanáticos no tienen sentido del humor. Hitler nunca fue consciente de lo gracioso que resultaba, ni Mussolini de lo ridículas que sonaban sus frases infladas pronunciadas con gran solemnidad. El fanático religioso observará situaciones tan cómicas que provoquen la risa incontrolable en personas normales, y no detectará nada gracioso en ellas. Este punto ciego en su maquillaje emocional le impide ver hasta qué punto están desenfocadas su propia vida y sus creencias. Y de la misma manera que es ciego a lo incongruente, es anormal; no es exactamente lo que Dios quiso que fuera.

El humor es una cosa, pero la frivolidad es algo muy distinto. Una de las grandes maldiciones de la sociedad es el cultivo de un espíritu que no se toma nada en serio, y dentro de la iglesia esto ha actuado para impedir muchas bendiciones espirituales que, de otro modo, habrían descendido sobre nosotros. Todos hemos conocido a personas que no toman nada con seriedad. Lo abordan todo con una risa y un comentario gracioso. Esto ya es bastante malo en el mundo, pero entre los cristianos es claramente intolerable.

Cuando Dios nos creó incluyó en nuestros genes un sentido del humor como rasgo inherente.

No permitamos que un sentido pervertido del humor nos arruine. Hay cosas que son graciosas, y podemos reírnos en ocasiones. Pero el pecado no es gracioso; la muerte no es divertida. No tiene nada de divertido un mundo inestable al borde de la destrucción; la guerra y la visión de muchachos que mueren ensangrentados en un campo de batalla no son graciosas; no son motivo de risa los millones de personas que mueren cada año sin haber escuchado el evangelio del amor.

Es hora de que tracemos una línea entre lo falso y lo verdadero, entre las cosas que son superfluas y las que son vitales. Podemos permitirnos dejar pasar muchas cosas con una sonrisa. Pero cuando el humor toma como blanco la religión, ya no es natural, sino pecaminoso, y hay que condenarlo por lo que es, y todo aquel que desee caminar con Dios debe evitarlo.

Se han pronunciado innumerables sermones, se han cantado himnos y se han escrito libros que nos invitan a enfrentarnos a la vida con una sonrisa y a reírnos, para que el mundo se ría con nosotros; pero recordemos que, por muy contentos que nos pongamos los cristianos, el diablo no bromea. Es frío y serio, y al final descubriremos que jugaba para ganar. Si nosotros, que afirmamos ser seguidores del Cordero, no nos tomamos las cosas en serio, Satanás lo hará, y es lo bastante listo como para usar nuestra ligereza para destruirnos.

Cuando el humor toma como blanco la religión, ya no es natural, sino pecaminoso

No defiendo una solemnidad antinatural; no creo que la desesperanza valga de nada y que haya algo de malo en una buena carcajada. Lo que ruego es una gran seriedad que nos haga sintonizar con el Hijo del Hombre y con los profetas y los apóstoles de las Escrituras. El gozo del Señor puede ser la música de nuestros corazones, y la alegría del Espíritu Santo afinará las arpas que llevamos dentro. Entonces podremos alcanzar esa felicidad moral que es uno de los rasgos de la verdadera espiritualidad, y esquivar también los efectos negativos del humor indecoroso.

36

Cultivemos la sencillez y la soledad

Los cristianos tenemos que simplificar nuestra vida si no queremos perder tesoros en la tierra y en la eternidad.

La civilización moderna es tan compleja que hace casi imposible la vida devocional. Nos agota a base de distracciones cada vez más numerosas, y nos afecta al destruir nuestra soledad, donde podríamos beber y renovar nuestras fuerzas antes de salir a enfrentarnos de nuevo con el mundo.

El poeta, hablando de otros tiempos más apacibles, dijo que "el alma reflexiva en la soledad se refugia"; pero ¿a qué soledad podemos retirarnos hoy? La ciencia, que ha proporcionado a los hombres ciertas comodidades materiales, les ha arrebatado el alma rodeándoles de un mundo hostil a su existencia. "Meditad en vuestro corazón estando en vuestra cama, y callad" (Sal. 4:4) es un consejo sabio y saludable, pero ¿cómo podemos seguirlo en esta era del periódico, el teléfono, la radio y la televisión? Estos juguetes modernos, como los cachorros de un tigre, se han vuelto tan grandes y peligrosos que amenazan con devorarnos a todos. Lo que se pretendía que fuera una bendición se ha convertido en una maldición clara. Hoy día ningún lugar está a salvo de la invasión del mundo.

Una manera en que el mundo civilizado destruye a los hombres es impidiéndoles que tengan sus propios pensamientos.

Nuestros "medios de comunicación tremendamente mejorados" de los que tanto se jactan los cortos de vista, permiten hoy a unos pocos hombres situados en centros estratégicos alimentar a millones de mentes con pensamientos ajenos, precocinados y ya digeridos. Al asimilar sin esfuerzo estas ideas prestadas, el hombre medio ha pensado todo lo que puede o lo que quiere pensar. Este lavado de cerebro sutil se perpetúa día tras día y año tras año, perjudicando para siempre al pueblo; un pueblo que, dicho sea de paso, está dispuesto a pagar mucho dinero para que alguien haga su trabajo, supongo que porque esto les libera de la tarea ardua y a menudo aterradora de tomar decisiones independientes de las que tengan que responsabilizarse.

Los cristianos tenemos que simplificar nuestra vida si no queremos perder tesoros en la tierra y en la eternidad.

Hubo un tiempo, no hace tanto, cuando el hogar de un hombre era su castillo, un refugio seguro al que regresar en busca de tranquilidad y soledad. Allí, como dijo el orgulloso británico, "pueden caer las lluvias del cielo, pero ni el propio rey puede entrar sin permiso", y luego justificó su afirmación. Aquello sí era un hogar. El poeta cantó sobre ese lugar tan sagrado diciendo:

Oh, cuando a salvo estoy en mi hogar silvestre,
me río del orgullo de Grecia y de Roma;
y cuando me tumbo bajo los pinos
donde brilla la estrella de la tarde con su luz sagrada,
me burlo de la sabiduría y del orgullo del hombre
en las escuelas de los sofistas y de los eruditos;
pues, ¿qué son, a pesar de su arrogancia,
cuando el hombre en el campo puede tratar con Dios?

—Ralph Waldo Emerson en el poema *Adiós*

Aunque no entra dentro de los propósitos de esta obra, no puedo evitar comentar que la señal más preocupante de la destrucción venidera de nuestro país es la desaparición del hogar estadounidense. Los estadounidenses ya no viven en casas sino en cines. Los miembros de muchas familias apenas se conocen entre sí, y el rostro de alguna estrella televisiva popular es tan conocido para muchas esposas como el de sus maridos. Que nadie sonría al leer esto. Más nos valdría llorar frente a tal portento. No servirá de nada que queramos envolvernos con las barras y estrellas para protegernos. Ningún país cuyos ciudadanos se han vendido por pan y circo tiene futuro. Nuestros padres dormían profundamente, y el áspero estruendo del ruido comercializado que nos envuelve como si estuviéramos en el infierno de Dante no puede perturbar ese sueño. Nos dejaron una buena herencia. Para conservarla, debemos tener un carácter nacional tan sólido como el suyo. Y este solo se puede desarrollar en el hogar cristiano.

La necesidad de soledad y de quietud nunca ha sido más importante que hoy. Lo que haga el mundo al respecto es su problema. Aparentemente, las masas quieren que la cosa siga como hasta ahora, y la mayoría de cristianos están tan plenamente adaptados a la era presente que también les gusta cómo funciona todo. Puede que les moleste un poco el ruido y la existencia que llevan, como la de un pez dorado en su pecera, pero parece que no les molesta lo suficiente como para hacer algo al respecto. Sin embargo, hay unos cuantos hijos de Dios que ya han tenido bastante. Quieren volver a aprender el camino de la soledad y de la sencillez, y obtener las riquezas infinitas de la vida interior. Quieren descubrir la bendición de lo que el Dr. Max Reich llamaba "soledad espiritual". A esas personas les ofrezco un breve párrafo a modo de consejo.

Entrégate a Dios y sé quien eres sin preocuparte por lo que piensen otros.

Apártate del mundo cada día en un lugar privado, aunque solo sea el dormitorio (durante un tiempo, a falta de un lugar mejor, yo me retiraba al cuarto de la caldera). Quédate en ese lugar secreto hasta que los ruidos externos empiecen a desaparecer de tu corazón y te envuelva la sensación de la presencia divina. Desconecta voluntariamente los sonidos desagradables, y sal del cuarto decidido a no hacerles caso. Escucha la Voz interior hasta que aprendas a reconocerla. Deja de intentar competir con otros. Entrégate a Dios y sé quien eres sin preocuparte por lo que piensen otros. Reduce tus intereses a unos pocos. No intentes conocer aquello que no te sirve de nada. Evita las lecturas populares para la mente, esos trocitos de hechos sin relación entre sí, historias agradables y citas brillantes. Aprende a orar interiormente a cada instante. Al cabo de un tiempo podrás hacerlo incluso mientras trabajas. Practica la inocencia, la sinceridad infantil, la humildad. Pide poder ver con claridad. Lee menos, pero lee más de lo que es importante para tu vida interior. Nunca dejes que tu mente ande dispersa durante mucho tiempo. Devuelve a su sitio tus pensamientos errantes. Mira a Cristo con los ojos del alma. Practica la concentración espiritual.

Todo lo anterior depende de tener una relación correcta con Dios por medio de Cristo, y de meditar cada día en las Escrituras. Sin tales cosas, nada nos ayudará; teniéndolas, la disciplina que recomiendo hará mucho para neutralizar los efectos nocivos de todo lo exterior, y para que conozcamos a Dios y nuestras propias almas.

37

EL MUNDO DE LA BIBLIA ES EL MUNDO REAL

Cuando la persona sensible lee las Escrituras, seguro que percibe la diferencia notable entre el mundo tal como lo revela la Biblia y el mundo tal como lo conciben las personas religiosas modernas. Y el contraste no juega a nuestro favor.

El mundo, tal como lo veían los hombres y las mujeres de la Biblia, era un mundo personal, cálido, íntimo, poblado. Su mundo contenía en primer lugar al Dios que lo creó, que seguía viviendo en él como en un santuario y a quien se podía ver paseando entre los árboles del huerto, si los ojos humanos estaban lo bastante despejados como para ello. Y también estaban presentes muchos seres que Dios envió para ministrar a los herederos de la salvación. También reconocían la presencia de fuerzas siniestras a las que tenían el deber de oponerse, y a las que podrían conquistar fácilmente apelando a Dios en oración.

Hoy día, los cristianos ven el mundo en términos muy distintos. La ciencia, que nos ha proporcionado muchos beneficios, también nos ha traído un mundo totalmente distinto al que vemos en las Escrituras. El mundo moderno consiste en espacios amplios e ilimitados, que tienen aquí y allí, en puntos muy distantes entre sí, cuerpos ciegos y sin sentido controlados por las leyes naturales de las que no pueden escapar. Ese mundo es frío e impersonal, y completamente sin habitantes, excepto por el ser humano, ese pequeño ser, tembloroso y transitorio, que se aferra al suelo cuando “recorre la ruta diurna de la Tierra, con sus peñas, piedras y árboles”[4].

¡Qué glorioso es el mundo de los hombres tal como lo describe la Biblia! Jacob vio una escalera apoyada en tierra, en el extremo superior de la cual estaba Dios y por donde ángeles subían y bajaban. Abraham, Balaam, Manoa y muchos otros se encontraron con ángeles de Dios y conversaron con ellos. Moisés vio a Dios en la zarza; Isaías le vio en un lugar elevado, y escuchó el canto que resonaba en el templo.

Ezequiel vio una gran nube y un fuego envolvente, y de en medio del fuego surgieron cuatro seres vivientes. Los ángeles hicieron acto de presencia para anunciar el nacimiento futuro de Jesús, y para celebrarlo cuando tuvo lugar en Belén; los ángeles consolaron a nuestro Señor cuando oraba en Getsemaní; se menciona a los ángeles en algunas de las epístolas inspiradas, y el libro de Apocalipsis reluce con la presencia de criaturas extrañas y hermosas que gestionan los asuntos de la tierra y del cielo.

La fe nos puede decir más sobre la realidad última que todos los descubrimientos científicos.

Sí, el mundo verdadero está poblado. Los ojos ciegos de los cristianos modernos no pueden ver lo invisible, pero eso no destruye la realidad de la creación espiritual. La incredulidad nos ha arrebatado el consuelo de un mundo personal. Hemos aceptado el mundo vacío y sin sentido de la ciencia como si fuera el auténtico, olvidando que la ciencia solo es válida cuando trata de las cosas materiales, y no puede saber nada de Dios ni del mundo espiritual.

4. William Wordsworth, del poema “A Slumber Did My Spirit Seal” (“Un sueño selló mi espíritu”), trad. libre.

Debemos tener fe; y no nos disculpemos por ello, porque la fe es un órgano del conocimiento y nos puede decir más sobre la realidad última que todos los descubrimientos científicos. No nos oponemos a la ciencia, pero admitimos sus limitaciones correctas, y que se niega a detenerse donde se ve obligada a ello. La Biblia habla de otro mundo demasiado sutil para que lo descubran los instrumentos de la investigación científica. Por fe participamos en ese mundo y lo hacemos nuestro. Podemos acceder a él por medio de la sangre del pacto eterno. Si creemos, podremos sentir incluso ahora la presencia de Dios y el ministerio de sus mensajeros celestiales. Solo la incredulidad puede arrebatarnos este privilegio real.

38

LA ALABANZA TRIDIMENSIONAL

Cristo es, para su pueblo, tantas cosas maravillosas y les ofrece semejante tesoro de beneficios que la mente no los puede comprender ni el corazón halla palabras con qué expresarlos.

Estos tesoros son presentes y también futuros. El Espíritu de verdad, hablando en este caso por medio de Pablo, nos garantiza que Dios, en Cristo, nos ha bendecido con toda bendición espiritual. Tales cosas son nuestras como hijos de la nueva creación, y ahora podemos acceder a ellas por la obediencia de la fe.

Pedro, motivado por el mismo Espíritu, nos habla de una herencia que tenemos asegurada por la resurrección de Cristo, una herencia incorruptible, incontaminada y que no se puede marchitar, reservada en los cielos para nosotros.

Aquí no hay ninguna contradicción, porque un apóstol habla de los beneficios presentes y el otro de los beneficios que aún hemos de recibir cuando regrese Cristo. Y ambos superan el lenguaje humano para celebrar las numerosas bendiciones que ya hemos recibido.

Quizá nos ayudaría a comprender esto si nos imaginásemos que somos un pez en un gran río, disfrutando al mismo tiempo del fluir de la corriente, recordando con gratitud las aguas que ya pasaron y esperando con anticipación gozosa la plenitud que viene a nosotros desde la cabecera del río. Aunque esto no es más que una figura del lenguaje imperfecta, es literalmente cierto que quienes confiamos en Cristo somos llevados por la gracia presente, mientras recordamos con gratitud la bondad que hemos disfrutado en los días que pasaron, y esperamos con expectación alegre la gracia y la bondad que todavía nos esperan.

Bernardo de Claraval habla en algún momento de "un perfume compuesto por los beneficios recordados que Dios nos ha dado". Esta fragancia es muy exclusiva. Todo seguidor de Cristo debería oler este perfume, porque ¿acaso no hemos recibido más de la bondad de Dios de lo que podríamos haber imaginado antes de conocerle y hemos descubierto por nosotros mismos lo rico y lo generoso que es?

A medida que conozcamos cada vez más personalmente al Dios trino, nos convertiremos en hijos de una esperanza viva y de un mañana seguro.

Nadie negará que hemos recibido de la plenitud de Dios gracia sobre gracia, pero la fragancia no procede de recibir, sino de recordar, que es algo totalmente distinto. Diez leprosos recibieron la sanidad; ese fue el beneficio. Uno regresó para dar las gracias a su benefactor; ese fue el perfume. Los beneficios no recordados, como las moscas muertas, pueden proporcionar al ungüento un olor muy desagradable.

Las bendiciones recordadas, la gratitud por los favores presentes y la alabanza por la gracia prometida se combinan como la mirra, el áloe y la casia para componer un aroma inusual para las vestiduras de los santos. Este fue el perfume con el que David ungió su arpa, y los himnos a través de las eras se han beneficiado de su dulzura.

Quizá sea necesaria una fe más pura para alabar a Dios por las bendiciones que pasaron desapercibidas que por aquellas que disfrutamos en otro tiempo o ahora. Sin embargo, muchos han escalado a esa cima iluminada por el sol, como lo hizo Anna Waring cuando escribió:

Gloria a ti por toda la gracia
que aún no he probado.

Creo que a medida que conozcamos cada vez más personalmente al Dios trino, el énfasis que pondremos en nuestra vida pasará del pasado y el presente al futuro. Lentamente nos convertiremos en hijos de una esperanza viva y de un mañana seguro. Nuestros corazones se enternecerán con los recuerdos del ayer, y nuestras vidas se endulzarán con gratitud a Dios por la manera tan segura en que nos ha conducido; pero nuestra mirada se centrará cada vez más en la bendita esperanza del mañana.

Buena parte de la Biblia está dedicada a las predicciones. Nada de lo que Dios ha hecho hasta ahora por nosotros se puede comparar con lo que figura escrito en la palabra certera de la profecía. Y nada de lo que ha hecho o pueda hacer por nosotros se puede comparar con lo *que Él es y será para nosotros*. Quizá la compositora de himnos tenía esto en mente cuando escribió:

Tengo una herencia de alegría
que todavía no puedo ver;
la mano que sangró para obtenerla
la guarda para mí.

Esa "herencia de alegría", ¿podría ser algo menos que la visión beatífica?

39

El hombre, la morada de Dios

En lo más hondo de cada hombre hay un lugar sagrado donde habita la esencia misteriosa de su ser. Esta realidad interna es esa parte del ser humano que es independiente de cualquier otra parte de la naturaleza compleja de ese hombre. Es el "yo soy" del hombre, un don de aquel Yo Soy que lo creó.

El Yo Soy que es Dios no tiene causa y existe por sí mismo; el "yo soy" que es el hombre se desprende de Dios y depende a cada momento de su aprobación para seguir existiendo. Uno es el Creador, por encima de todas las cosas, el Anciano de días, que habita en una luz inaccesible. El otro es una criatura y, aunque es más privilegiada que cualquier otra, sigue siendo una criatura, beneficiaria de la riqueza de Dios y suplicante ante su trono.

La entidad humana profunda de la que hablamos se llama, en las Escrituras, *el espíritu del hombre.* "Porque ¿quién de los hombres sabe las cosas del hombre, sino el espíritu del hombre que está en él? Así tampoco nadie conoció las cosas de Dios, sino el Espíritu de Dios" (1 Co. 2:11). Del mismo modo que el autoconocimiento de Dios radica en el Espíritu eterno, el autoconocimiento del ser humano está en su propio espíritu, y su conocimiento de Dios lo recibe por la impresión directa del Espíritu de Dios sobre el espíritu del hombre.

No podemos exagerar la importancia que tiene todo esto cuando pensamos, estudiamos y oramos. Revela la espiritualidad esencial de la humanidad. Niega que el hombre es una criatura que tiene un espíritu, y afirma que es un espíritu que habita en un cuerpo.

Lo que le hace humano no es su cuerpo sino su espíritu, en el que estaba originariamente la imagen de Dios.

La naturaleza de la adoración es totalmente espiritual.

Una de las declaraciones más liberadoras del Nuevo Testamento es esta: "Mas la hora viene, y ahora es, cuando los verdaderos adoradores adorarán al Padre en espíritu y en verdad; porque también el Padre tales adoradores busca que le adoren. Dios es Espíritu; y los que le adoran, en espíritu y en verdad es necesario que adoren" (Jn. 4:23-24). Aquí se nos dice que la naturaleza de la adoración es totalmente espiritual. La verdadera religión está lejos de la dieta y de las fechas, de las ropas y las ceremonias, y debe radicar donde es necesario: en la unión del espíritu del hombre con el Espíritu de Dios.

Desde el punto de vista humano, la pérdida más trágica que se produjo en la caída fue que el Espíritu de Dios abandonara ese santuario interno. En el centro del ser humano, escondida, hay una zarza que está lista para ser la morada del Dios trino. Allí Dios dispuso que reposaría y brillaría con un fuego moral y espiritual. El hombre, por su pecado, rechazó este privilegio indescriptiblemente maravilloso, y ahora debe vivir allí solo. Y es que ese lugar es tan íntimamente privado que ninguna criatura puede entrar en él; nadie puede entrar sino Cristo, y lo hará solamente por una invitación de fe. "He aquí, yo estoy a la puerta y llamo; si alguno oye mi voz y abre la puerta, entraré a él, y cenaré con él, y él conmigo" (Ap. 3:20).

Mediante la obra misteriosa del Espíritu en el nuevo nacimiento, lo que Pedro llama "la naturaleza divina", entra en el lugar más esencial del corazón del creyente y pone allí su residencia. "Y si alguno no tiene el Espíritu de Cristo, no es de él", porque "el Espíritu mismo da testimonio a nuestro espíritu, de que somos hijos de Dios" (Ro. 8:9, 16). Alguien así es un verdadero cristiano, y solo si es así. El bautismo, la confirmación, la recepción de los sacramentos, la membresía en la iglesia... todo esto no significa nada a menos que se produzca el acto supremo de Dios en la regeneración. Las cosas religiosas externas pueden tener sentido para el alma en la que habita Dios; para cualquier otra no son solo inútiles, sino que en realidad pueden convertirse en trampas, produciendo en la persona una sensación de seguridad falsa y peligrosa.

"Sobre toda cosa guardada, guarda tu corazón" (Pr. 4:23) es más que un dicho sabio: es una obligación solemne que nos impone Aquel que más se preocupa por nosotros. Debemos estar siempre alertas para que en ningún momento dejemos de cumplirlo.

40

Por qué a la gente le resulta difícil la Biblia

Quienes conozcan bien los hechos no negarán que a muchas personas les cuesta entender la Biblia. Los testimonios sobre las dificultades que encuentran al leerla son demasiado sólidos y extendidos como para no prestarles atención.

Normalmente, dentro de la experiencia humana para cada cosa suele haber un complejo conjunto de causas, no una sola, y lo mismo pasa con la dificultad que tenemos con la Biblia. No podemos dar una respuesta fácil a la pregunta "¿Por qué a la gente le cuesta entender la Biblia?"; la respuesta fácil sin duda será equivocada. El problema no es singular, sino múltiple; y por este motivo nos decepcionaremos si intentamos encontrarle una solución única.

A pesar de esto, me aventuro a dar una respuesta breve a la pregunta, y aunque no se trata de una respuesta completa, sí es importante y seguramente contiene la mayoría de las respuestas a lo que es, sin duda, una pregunta muy compleja. *Creo que nos cuesta entender la Biblia porque intentamos leerla como lo haríamos con cualquier otro libro, y no es igual que cualquier otro.*

La Biblia no va dirigida a todo el mundo; su mensaje va destinado a unos pocos elegidos. El hecho de que esos pocos sean elegidos por Dios mediante un acto soberano o lo sean porque satisfacen algunas condiciones especiales es algo que tiene que decidir cada persona, sabiendo muy bien que esa decisión vendrá determinada por sus creencias básicas sobre doctrinas tales como la predestinación, el libre albedrío, los decretos eternos y otras relacionadas. Pero es evidente que, independientemente de lo que haya sucedido en la eternidad, tiene lugar en el tiempo. Algunos creen y otros no; algunos son moralmente receptivos y otros no; algunos tienen capacidad espiritual y otros no. La Biblia va dirigida a quienes creen, son receptivos y tienen esa capacidad. Quienes no reúnan estos requisitos la leerán en vano.

Supongo que a estas alturas algunos lectores me presentarán agotadoras objeciones, y por motivos que no son difíciles de entender. Hoy día el cristianismo está centrado en el hombre, no en Dios. A Dios se le hace aguardar paciente, incluso respetuosamente, los caprichos de los hombres. La imagen de Dios más popular ahora es la de un Padre preocupado, que se esfuerza movido por un desespero angustiado para que las personas acepten a un Salvador del que no sienten necesidad y que les interesa muy poco. Para convencer a estas almas autosuficientes de que respondan a su oferta generosa, Dios hará casi cualquier cosa, incluso usar métodos de vendedor y hablar con las personas en los términos más amistosos concebibles. Por supuesto, esta forma de ver las cosas es una especie de romanticismo religioso que, aunque a menudo usa términos que alaban a Dios (a veces de forma vergonzosa), consigue que el ser humano sea la estrella del espectáculo.

Para el corazón impenitente la Biblia no será más que un conjunto de datos sin carne, vida o aliento.

La idea de que la Biblia va destinada a todo el mundo ha creado confusión dentro y fuera de la iglesia. El esfuerzo de aplicar el Sermón del Monte a las naciones no regeneradas de este mundo es un ejemplo de esto. Se invita a los tribunales y las jerarquías militares del mundo a seguir las enseñanzas de Cristo, algo que es evidente que no pueden hacer. Citar las palabras de Cristo como pautas para policías, jueces o generales supone malinterpretarlas por completo, y revelar una falta total de entendimiento sobre los propósitos de la revelación divina. Las palabras de gracia de Cristo son para los hijos y las hijas de la gracia, no para las naciones gentiles que han elegido como símbolos el león, el águila, el dragón y el oso.

Dios no solo dirige sus palabras de verdad a quienes son capaces de recibirlas, sino que oculta su significado a quienes no pueden hacerlo. El predicador usa ilustraciones para clarificar la verdad; nuestro Señor a menudo las usaba para esconderla. Las parábolas de Cristo eran exactamente lo opuesto a la "ilustración" moderna, palabra que significa "dar luz"; las parábolas eran "comentarios oscuros", y Cristo afirmó que a veces las usaba para que sus discípulos lograsen entender lo que no podían comprender sus enemigos (ver Mt. 13:10-17). Igual que la columna de fuego daba luz a Israel pero era nube y oscuridad para los egipcios, las palabras de nuestro Señor brillan en los corazones de su pueblo, pero al incrédulo que confía demasiado en sí mismo lo dejan sumido en las tinieblas de la noche moral.

El poder salvador de la Palabra está reservado para quien va destinado. El secreto del Señor está con aquellos que le temen. Para el corazón impenitente la Biblia no será más que un conjunto de datos sin carne, vida o aliento. Uno puede disfrutar de Shakespeare sin hacer penitencia; podemos comprender a Platón sin creer una sola de sus palabras; pero la penitencia y la humildad, junto con la fe y la obediencia, son necesarias para comprender bien las Escrituras.

En los asuntos naturales la fe es posterior a la evidencia y es imposible sin ella, pero en el ámbito del espíritu la fe precede a la comprensión, no la sigue. El hombre natural tiene que saber para creer; el hombre espiritual tiene que creer para saber. La fe que salva no es una conclusión extraída de la evidencia; es algo moral, algo del Espíritu, una infusión sobrenatural de confianza en Jesucristo, un regalo de Dios.

La fe que salva reposa en la Persona de Cristo; conduce a un compromiso de todo nuestro ser con Cristo, un acto imposible para el hombre natural. Creer adecuadamente es un milagro tan grande como lo fue la resurrección de Lázaro cuando Cristo la ordenó.

La Biblia es un libro sobrenatural, y solo se puede entender contando con una ayuda sobrenatural.

41

La fe, la doctrina mal entendida

Dentro del plan de salvación divino, la doctrina de la fe ocupa un lugar central. Dios dirige sus palabras a la fe, y donde no hay fe no es posible la verdadera revelación. "Sin fe es imposible agradar a Dios" (He. 11:6).

Todo beneficio derivado de la expiación de Cristo llega hasta el individuo por medio del portal de la fe. El perdón, la limpieza, la regeneración, el Espíritu Santo, todas las respuestas a la oración se le dan a la fe y se reciben por fe. No hay otra manera. Esta es una doctrina evangélica común, y se la acepta en todo lugar en que se entiende la cruz de Cristo.

Dado que la fe es tan esencial para todas nuestras esperanzas, tan necesaria para el cumplimiento de todas las aspiraciones de nuestros corazones, no nos atrevemos a dar nada por hecho cuando hablamos de ella. Todo lo que va acompañado de tanta prosperidad o perjuicio, lo que decide en realidad nuestro cielo o nuestro infierno, es demasiado importante como para pasarlo por alto. Sencillamente, no podemos permitirnos estar mal informados o tener una información falsa. Debemos saber.

Durante muchos años mi corazón ha estado atribulado por la doctrina de la fe tal como se recibe y se enseña entre los cristianos evangélicos de todo el mundo. Dentro de los círculos ortodoxos se pone mucho énfasis en la fe, y eso es bueno; pero aun así estoy preocupado. Concretamente, temo que el concepto moderno de la fe no sea el bíblico; que cuando los maestros de nuestro tiempo usan la palabra, no se refieran a lo mismo que querían decir los escritores bíblicos cuando la usaron.

Las causas de mi inquietud son las siguientes:

1. La falta de fruto espiritual en las vidas de tantas personas que afirman tener fe.

2. La escasez de cambios radicales en la conducta y en la forma general de ver la vida que tienen las personas que profesan su nueva fe en Cristo como su Salvador personal.

3. La incapacidad de nuestros maestros de definir o incluso describir el concepto al que se supone que se refiere el término *fe*.

4. El lamentable fracaso de multitud de buscadores, por muy sinceros que sean, de encontrar sentido a esta doctrina o de disfrutar de una experiencia satisfactoria gracias a ella.

Todo beneficio derivado de la expiación de Cristo llega hasta el individuo por medio del portal de la fe.

5. El peligro real de que una doctrina que se expone por todas partes y que muchos reciben sin analizarla sea falsa tal como la entienden.

6. He visto proponer la fe como sustituto de la obediencia, como huida de la realidad, como refugio frente a la necesidad de pensar a fondo, de un lugar donde esconder el mal carácter. He conocido a personas que atribuían el nombre de fe a su actitud animosa frente a la vida, al optimismo natural, a las emociones y a tics nerviosos.

7. El sentido común debería decirnos que todo lo que no produzca un cambio en el hombre que lo profesa tampoco supone ninguna diferencia para Dios; y es un hecho fácilmente observable que para incontables personas los perjuicios de no tener fe permanecen cuando afirman tenerla.

Quizá para saber lo que es la fe sea mejor saber qué no es. No significa creer en una afirmación que sabemos que es cierta. La mente humana está hecha de tal manera que cuando se le presentan evidencias convincentes de algo debe creer por necesidad. No lo puede evitar. Cuando la evidencia no convence, no es posible tener fe. Ni las amenazas ni los castigos pueden inducir a la mente a creer algo contrario a la evidencia clara.

Es cierto que la fe basada en la razón es un tipo de fe; *pero no tiene el carácter de la fe bíblica*, porque sigue infaliblemente la evidencia y no tiene nada de la naturaleza moral o espiritual. Tampoco se puede acusar a nadie que no tenga fe basada en la razón, porque quien decide el veredicto es la evidencia, no el individuo. Enviar al infierno a un hombre cuyo único delito fue seguir la evidencia hasta su conclusión inevitable sería, claramente, una injusticia; justificar a un pecador por aceptar la salvación basándose en los hechos claros sería hacer que la salvación fuera el resultado del proceso de una ley común de la mente, tan aplicable a Judas como a Pablo. Sacaría a la salvación del entorno de lo volitivo y la colocaría en el ámbito de lo intelectual, que, según dicen las Escrituras, no es el lugar que le corresponde.

La verdadera fe descansa en el carácter de Dios, y no exige otra prueba que las perfecciones morales de Aquel que no puede mentir. Basta con que Dios lo diga, y si la afirmación contradice todos y cada uno de los cinco sentidos y también todas las conclusiones de la lógica, el creyente sigue creyendo. "Antes bien sea Dios veraz, y todo hombre mentiroso" (Ro. 3:4) es el idioma de la fe auténtica. El cielo aprueba esta fe porque se remonta por encima de las meras pruebas, descansando en el seno de Dios.

En los últimos años, entre determinados evangélicos ha surgido un movimiento destinado a probar las verdades de las Escrituras mediante la ciencia. Buscan evidencias en el mundo natural para respaldar la revelación sobrenatural. Los copos de nieve, la sangre, las piedras, extrañas criaturas marinas, las aves y muchos otros objetos naturales se presentan como prueba de que la Biblia es cierta. Se nos dice que esto es un gran respaldo para la fe, porque la idea sostiene que si podemos demostrar que una doctrina bíblica es cierta, la fe brotará y aumentará como consecuencia de ello.

La verdadera fe descansa en el carácter de Dios, y no exige otra prueba que las perfecciones morales de Aquel que no puede mentir.

Lo que estos hermanos no aprecian es que el propio hecho de que sientan la necesidad de buscar prueba de las verdades de las Escrituras demuestra otra cosa, a saber, su propia incredulidad básica. Cuando Dios habla, la incredulidad pregunta: "¿Cómo puedo saber que esto es cierto?". El único fundamento de la fe es YO SOY EL QUE SOY. Excavar bajo las rocas o buscar en el fondo del mar evidencias que respalden las Escrituras supone insultar a Aquel que las escribió. Estoy convencido de que esto no se hace intencionadamente; pero no entiendo cómo podemos esquivar la conclusión de que se hace.

La fe tal como la conoce la Biblia es confianza en Dios y en su Hijo Jesucristo; es la respuesta del alma al carácter divino tal como se revela en las Escrituras; e incluso esta respuesta es imposible sin la intervención anterior del Espíritu Santo. La fe es un don de Dios al alma penitente, y no tiene nada que ver con los sentidos ni con los datos que proporcionan estos. La fe es un milagro; es la capacidad que Dios nos da de confiar en su Hijo, y todo lo que no dé como resultado una acción en consonancia con la voluntad de Dios no es fe, sino algo que se queda corto.

La fe y la moral son dos caras de la misma moneda. En realidad, la esencia misma de la fe es moral. Toda fe profesada en Cristo como Salvador personal que no someta la vida a la obediencia absoluta a Cristo como Señor es inadecuada y al final acabará traicionando a su víctima.

El hombre que cree, obedece; no hacerlo es prueba concluyente de que no goza de una verdadera fe. Para intentar lo imposible, Dios debe darnos fe o no habrá nada que hacer, y Él solo da fe al corazón obediente. Donde hay un verdadero arrepentimiento también hay obediencia; porque el arrepentimiento no es solo la tristeza por los errores y los pecados pasados, sino también la determinación de empezar ahora a hacer la voluntad de Dios tal como Él nos la revela.

42

LA VERDADERA RELIGIÓN NO ES SENTIMIENTO, SINO VOLUNTAD

Una de las preguntas intrigantes que tarde o temprano se planteará el cristiano que busca es cómo puede cumplir el mandamiento escritural de amar a Dios con todo su corazón y a su prójimo como a sí mismo.

El cristiano sincero, cuando medita en su obligación sagrada de amar a Dios y a la humanidad, puede ser víctima de la frustración que surge de saber que no logra que su Señor o sus hermanos le provoquen una respuesta emocional. Quiere que así sea, pero no puede. Deja de brotar agua de las beneficiosas fuentes del sentimiento.

El único bien que Dios reconoce es el bien voluntario; la única santidad válida es la voluntaria.

A muchas personas sinceras les ha desanimado la ausencia de emoción religiosa y han llegado a la conclusión de que después de todo no eran realmente cristianas. Piensan que deben de haber perdido el rumbo en algún punto del camino, y que su religión es poco más que una profesión de fe vacía. Así que durante un tiempo se castigan por su frialdad y, al final, caen en un estado apagado de desánimo, sin saber muy bien qué pensar.

Creen en Dios, confían de verdad en Cristo como su Salvador, pero el amor que esperaban sentir les esquiva en todo momento. ¿Cuál es el problema?

El problema no es leve. Conlleva una dificultad real, que hay que formular bajo la forma de una pregunta: ¿Cómo puedo amar por mandato? De todas las emociones de las que es capaz el alma, el amor es, sin duda, la más libre, la que es menos probable que surja cuando lo exija el deber o la obligación, y sin duda aquella que no surgirá cuando nos lo pida otra persona. Aún no se ha emitido una sola ley que pueda obligar a un ser humano moral a amar a otro, porque por su propia naturaleza el amor debe ser voluntario. A nadie se le puede obligar o amenazar para que ame a otra persona. El amor no funciona así. Entonces, ¿qué debemos hacer con el mandamiento de Jesús que dice que amemos a Dios y a nuestro prójimo?

Para hallar el camino que nos saque de las tinieblas y llegar a la estimulante luz del sol, solo tenemos que saber que existen dos tipos de amor: el amor del *sentimiento* y el amor de la *voluntad*. El uno radica en las emociones, el otro en la voluntad. Sobre el primero no tenemos mucho control; va y viene, sube y baja, crece y desaparece como se le antoja, y pasa de caliente a frío y luego de nuevo a caliente, tanto como lo hace el clima. Este no era el amor que tenía en mente Cristo cuando dijo a sus discípulos que debían amar a Dios y los unos a los otros. Pedirle a este tipo de afecto tan caprichoso que venga a nuestros corazones es como pedirle a una mariposa que se pose en nuestro hombro.

El amor que la Biblia ordena no es el amor del sentimiento, *sino el amor de la voluntad, la tendencia voluntariosa del corazón*. (Por estas dos expresiones tan acertadas estoy en deuda con otra persona, un maestro de la vida interior cuya pluma silenció hace muy poco la muerte.)

Dios nunca pretendió que un ser como el hombre fuera el juguete de sus sentimientos. La vida emocional es una parte noble y necesaria de la personalidad total, pero por su propia naturaleza tiene una importancia secundaria. *La religión radica en la voluntad, y la justicia también.* El único bien que Dios reconoce es el bien voluntario; la única santidad válida es la voluntaria.

Debería reconfortarnos pensar que delante de Dios todo hombre es lo que quiere ser. El primer requisito de la conversión es una voluntad rectificada. "Si alguno quiere venir" (Mt. 16:24), dice nuestro Señor, y lo deja ahí. Para satisfacer las condiciones del amor por Dios, el alma solo tiene que aportar la voluntad de amar, y el milagro empieza a florecer como el báculo de Aarón.

La voluntad es el piloto automático que mantiene al alma en su rumbo. Un amigo que pilota su propio avión me dice: "Volar es fácil. Despegas, apuntas el aparato hacia la dirección que quieres seguir, y pones el piloto automático. Luego ya vuela solo". Aunque no debemos exagerar esta imagen, es misericordiosamente cierto que lo que determina el rumbo moral es la voluntad, no los sentimientos.

La raíz de toda maldad en la naturaleza humana es la corrupción de la voluntad. Los pensamientos y las intenciones del corazón son malos, y en consecuencia toda la vida lo es. El arrepentimiento es, sobre todo, un cambio de propósito moral, una inversión repentina y a menudo violenta de la dirección que seguía el alma. El hijo pródigo dio su primer paso para salir de la pocilga cuando dijo: "Me levantaré e iré a mi padre" (Lc. 15:18). Igual que en otro momento tuvo la voluntad de abandonar la casa de su padre, ahora quiso volver. Este segundo acto demostró su propósito manifiesto de ser sincero. Y *sí* que volvió.

La voluntad es el piloto automático que mantiene al alma en su rumbo.

Partiendo de lo dicho, alguien puede llegar a la conclusión de que descartamos que el gozo del Señor sea una parte válida de la vida cristiana. Para evitar esta conclusión errónea, quiero añadir una explicación.

Para amar a Dios con todo nuestro corazón debemos primero *tener la voluntad* de hacerlo. Hemos de arrepentirnos de nuestra falta de amor y decidir, a partir de este momento, convertir a Dios en objeto de nuestra devoción. Debemos poner nuestro afecto en las cosas de arriba, y orientar nuestro corazón hacia Cristo y las cosas celestiales. Debemos leer las Escrituras devocionalmente, todos los días, *centrando nuestra voluntad* firmemente en amar a Dios con todo nuestro corazón y a nuestro prójimo como a nosotros mismos.

Si hacemos estas cosas, podemos estar seguros de que experimentaremos un cambio maravilloso en toda nuestra vida interior. Pronto descubriremos, encantados, que nuestros sentimientos ya no son tan erráticos, y que empiezan a avanzar en la dirección de la "tendencia voluntariosa del corazón". Nuestras emociones se disciplinarán y encauzarán. Empezaremos a experimentar la "penetrante dulzura" del amor de Cristo. Nuestros afectos religiosos empezarán a remontarse en alas firmes, en lugar de revolotear sin propósito o sin dirección inteligente. Toda la vida, como un instrumento delicado, se sintonizará para cantar las alabanzas de Aquel que nos amó y nos lavó de nuestros pecados con su sangre.

Pero antes que nada debemos querer, porque la voluntad es la que dirige nuestro corazón.

43

LA CRUZ ANTIGUA Y LA NUEVA[5]

En nuestros tiempos, sin avisar y sin que casi nadie se haya dado cuenta, en los círculos evangélicos se ha infiltrado una nueva cruz. Es como la antigua, pero también diferente, porque el parecido es superficial y las diferencias son fundamentales.

De esta nueva cruz ha surgido una nueva filosofía de la vida cristiana, y de esa nueva filosofía ha surgido una nueva técnica evangélica, un nuevo tipo de culto y una nueva clase de predicación. Este nuevo evangelismo emplea el mismo idioma que el anterior, pero el contenido no es el mismo, y no pone el énfasis en las mismas cosas.

La antigua cruz no habría tenido tratos con el mundo. Para la carne orgullosa de Adán significaba el final del camino. Puso por obra la sentencia impuesta por la ley en el Sinaí. La nueva cruz no se opone a la raza humana; no, es más bien una amiga agradable y, bien entendida, es el origen de océanos de diversión sana y limpia, y de deleites inocentes. Permite que Adán viva sin que nada le moleste. La motivación de su vida no ha cambiado, sigue viviendo para su propio placer, pero ahora le encanta cantar himnos y ver películas religiosas, en vez de entonar canciones

5. Este artículo apareció por primera vez en *The Alliance Witness*, en 1946. Se ha publicado en prácticamente todos los países de habla inglesa del mundo, y diversas editoriales lo han puesto en forma de tratado.

groseras y beber alcohol. El creyente sigue centrado en la diversión, pero ahora esta se encuentra en un plano moral (no intelectual) más elevado.

La nueva cruz fomenta un enfoque evangelístico nuevo y totalmente distinto. El evangelista no exige renunciar a la vida antigua antes de recibir la vida nueva. No predica contrastes, sino similitudes. Intenta conectar con el interés público demostrando que el cristianismo no hace exigencias desagradables; antes bien, ofrece lo mismo que el mundo, pero en un plano superior. Astutamente, se proclama que lo que ofrece el evangelio es precisamente lo que el mundo, loco por el placer, está pidiendo ahora mismo; la diferencia está en que el producto religioso es mejor.

La nueva cruz no mata al pecador, lo redirige. Lo introduce en una forma de vida más limpia y feliz, y le permite seguir respetándose. Al asertivo le dice: "Ven y sé asertivo por Cristo". Al egoísta le dice: "Ven y jáctate en el Señor". Al buscador de emociones le dice: "Ven y disfruta de la emoción de la comunión cristiana". El mensaje cristiano se desvía en la dirección de la última moda, para que el público lo considere aceptable.

La filosofía en la que se fundamenta esto puede ser sincera, pero esa sinceridad no evita que sea falsa. Es falsa porque es ciega. No entiende en absoluto el sentido pleno de la cruz.

La antigua cruz es un símbolo de muerte. Representa el final abrupto y violento del ser humano. En la época romana, el hombre que tomaba su cruz y entraba en el camino ya había dicho adiós a sus amigos. No iba a volver. Iba camino de su final. La cruz no hacía concesiones, no modificaba nada, no respetaba nada; mataba a todo el individuo, del todo y para siempre. No intentaba mantener una buena relación con su víctima. Golpeaba con crueldad y dureza, y cuando acababa su trabajo el hombre ya no existía.

La raza de Adán está sometida a una sentencia de muerte.

No hay indulto ni escapatoria. Dios no puede aprobar ninguno de los frutos del pecado, por inocentes o hermosos que puedan parecer a los ojos de los hombres. Dios rescata al individuo liquidándolo y luego llevándolo a una nueva vida.

Dios ofrece vida que nace de la muerte. Está siempre al otro lado de la cruz.

La evangelización que establece paralelismos amistosos entre los caminos de Dios y los de los hombres es falsa según la Biblia, y cruel para el alma de sus oyentes. La fe de Cristo no es paralela al mundo, sino transversal. Cuando venimos a Cristo no trasladamos nuestra vieja vida a un plano superior; la dejamos en la cruz. El grano de trigo debe caer a tierra y morir.

Quienes predicamos el evangelio no debemos considerarnos agentes de relaciones públicas enviados a fomentar la buena voluntad entre Cristo y el mundo. No debemos pensar que nos han mandado que hagamos que Cristo sea aceptable en el mundo de los negocios, la prensa, el deporte o la educación moderna. No somos diplomáticos, sino profetas, y nuestro mensaje no es un compromiso, sino un ultimátum.

Dios ofrece vida, pero no es una mejora de la vida vieja. La vida que ofrece es una vida que nace de la muerte. Está siempre al otro lado de la cruz. Quien la posee debe haber pasado por la vara. Debe renunciar a sí mismo y aceptar la sentencia justa de Dios contra su persona.

¿Qué significa esto para el individuo, el hombre condenado que quiere hallar vida en Cristo Jesús? ¿Cómo se puede trasladar esta teología a la vida? Sencillamente, el individuo debe arrepentirse y creer. Debe renunciar a sus pecados y olvidarse de sí mismo. No debe tapar nada, defender nada, excusar nada. No debe intentar llegar a un acuerdo con Dios, sino inclinarse bajo el golpe de la firme desaprobación divina y admitir que es digno de muerte.

Habiendo hecho esto, que mire con una confianza sencilla al Salvador resucitado, y de Él fluirán la vida, el renacimiento, la limpieza y el poder. La cruz que acabó con la vida terrenal de Jesús acaba ahora con el pecador, y el poder que resucitó a Cristo de los muertos le resucita ahora a una vida nueva junto a Él.

Permíteme que le diga a cualquiera que tenga alguna objeción a esto o que lo considere una versión estrecha y privada de la verdad, que Dios ha dado su sello de aprobación a este mensaje, desde los tiempos de Pablo hasta el presente. Tanto si se expresa con estas palabras exactas como si no, este ha sido el contenido de todas las predicaciones que han transmitido vida y poder al mundo a lo largo de los siglos. Los místicos, los reformadores, los evangelistas han puesto aquí su énfasis, y las señales, prodigios y obras poderosas del Espíritu Santo dan testimonio de la aprobación de Dios.

¿Nos atreveremos nosotros, herederos de semejante legado de poder, a adulterar la verdad? ¿Osaremos tachar con nuestros lápices las líneas de los mandamientos o alterar las pautas que se nos mostraron en el monte? ¡Que Dios no lo permita! Prediquemos la antigua cruz, y conoceremos el poder antiguo.

44

A Dios hay que amarle por sí mismo

A Dios, siendo como es, siempre hay que buscarle por sí mismo, no como un medio para alcanzar un fin.

Quien busca otros objetos y no a Dios vive solo; puede que alcance esos objetos, si tiene la capacidad, pero nunca tendrá a Dios. A Dios nunca se le encuentra por casualidad. "Me buscaréis y me hallaréis, porque me buscaréis de todo vuestro corazón" (Jer. 29:13).

Quien busca a Dios como un medio para llegar a los fines que desea no le encontrará. El Dios poderoso, creador de cielos y tierra, no será uno entre muchos tesoros, ni siquiera el tesoro más preciado de todos. Será el todo en todo o no será nada. A Dios no le usa nadie. Su misericordia y su gracia son infinitas, y su entendimiento paciente está más allá de toda medida, pero no ayudará a los hombres que se esfuerzan por obtener un beneficio personal. No les ayudará a alcanzar fines que, una vez conseguidos, usurpen el lugar que le corresponde con todo derecho en el interés y en el afecto de las personas.

A Dios no le usa nadie.

Sin embargo, el cristianismo popular tiene como uno de sus argumentos más eficaces la idea de que Dios existe para ayudar a la gente a progresar en este mundo. El Dios de los pobres se ha convertido en el Dios de la sociedad acomodada. Cristo ya no se niega a juzgar o a dividir a hermanos que idolatran el dinero. Ahora se le puede convencer para que ayude al hermano que le ha aceptado para que se aproveche del hermano que no lo ha hecho.

Un ejemplo claro del esfuerzo moderno para usar a Dios para propósitos egoístas es el del cómico famoso que, después de numerosos fracasos, prometió a alguien llamado Dios que si le ayudaba a tener éxito en el mundo del entretenimiento, él le devolvería el favor ofrendando generosamente dinero para el cuidado de niños enfermos. Poco después tuvo un enorme éxito en los clubes nocturnos y en la televisión. Ha cumplido su palabra y reúne grandes sumas de dinero para construir hospitales para niños. A él le parece que estas contribuciones humanitarias son un precio pequeño a pagar por el éxito en uno de los campos más sórdidos de la actividad humana.

Alguien podría justificar este acto del comediante como algo que se puede esperar de un pagano del siglo XX; pero el hecho de que infinidad de evangélicos norteamericanos crean de verdad que Dios tuvo algo que ver con este asunto no es algo que podamos pasar por alto tan fácilmente. Este concepto bajo y falso de la Deidad es un motivo clave para la tremenda popularidad que tiene Dios hoy día entre los occidentales bien alimentados.

La Biblia enseña que Dios es el fin para el que fue creado el hombre. "¿A quién tengo yo en los cielos sino a ti?", clama el salmista, "y fuera de ti nada deseo en la tierra" (Sal. 73:25). El primero y más grande mandamiento es amar a Dios con todas las fuerzas de nuestro ser. Donde existe un amor como ese no puede haber lugar para otro objeto. Si amamos a Dios como debiéramos, sin duda que no podemos ni siquiera imaginar un objeto amado fuera de Él que Dios pudiera ayudarnos a conseguir.

Bernardo de Claraval comienza su brillante y breve tratado sobre el amor de Dios con una pregunta y una respuesta. La pregunta es: "¿Por qué debemos amar a Dios?". La respuesta dice: "Porque es Dios". Luego amplía un poco más la idea, pero el corazón iluminado no necesita que le digan más. Debemos amar a Dios porque es Dios. Ni los ángeles pueden superar este pensamiento.

Dios, siendo como es, debe ser amado por serlo. Es el motivo de que le amemos, igual que es el motivo por el que nos ama y por cualquier otro acto que haya hecho, hace y hará durante toda la eternidad. El motivo primario que tiene Dios para hacer las cosas es que le complace. La búsqueda de motivos secundarios es superfluo y, en su mayor parte, inútil. Proporciona una tarea a los teólogos y añade páginas a los libros de doctrina, pero es dudoso que arroje explicaciones verdaderas.

La naturaleza de Dios es compartir. Llevó a cabo sus poderosos actos de creación y de redención porque le complació hacerlos, pero su complacencia se extiende a todos los seres creados. Solo tenemos que mirar a un niño sano que juega o escuchar el canto de un ave en el ocaso para darnos cuenta de que Dios quiso que en este universo reinase la alegría.

Dios desea que le amemos por sí mismo, sin motivos ocultos.

Quienes han sido dotados espiritualmente para amar a Dios por sí mismo hallarán mil fuentes que brotan del trono rodeado por un arco iris, y arrojarán incontables tesoros que hemos de recibir con una acción de gracias reverente, como el desbordamiento del amor de Dios por sus hijos. Cada don nace de la gracia y, dado que no lo buscamos por sí mismo, se puede disfrutar sin perjuicio para el alma. Entre tales cosas se cuentan las bendiciones sencillas de la vida, como la salud, un hogar, una familia, los buenos amigos, el alimento, el refugio, los gozos puros de la naturaleza o los placeres más artificiales de la música y el arte.

A lo largo de los siglos, el intento de encontrar estos tesoros mediante una búsqueda directa alejada de Dios ha sido la actividad central de la humanidad, y ha sido motivo de carga y de lamentación para las personas. Es posible que el esfuerzo por obtenerlos como el motivo ulterior de aceptar a Cristo sea nuevo bajo el sol, pero nuevo o viejo es un mal que al final solo puede acarrear el juicio.

Dios desea que le amemos por sí mismo, sin motivos ocultos, confiando en que será para nosotros todo lo que necesita nuestra naturaleza. Nuestro Señor expresó esto mucho mejor: "Mas buscad primeramente el reino de Dios y su justicia, y todas estas cosas os serán añadidas" (Mt. 6:33).

45

CÓMO PROBAR LOS ESPÍRITUS

Los tiempos en que vivimos prueban las almas de los hombres. El Espíritu ha dicho expresamente que en los postreros tiempos algunos se apartarán de la fe, prestando oído a espíritus engañadores y a doctrinas de demonios; mintiendo con hipocresía; teniendo la conciencia cauterizada (ver 1 Ti. 4:1-2). Esos días ya han llegado, y no podemos huir de ellos; debemos triunfar en medio de ellos, porque esta es la voluntad de Dios para nosotros.

Por extraño que parezca, hoy el peligro es mayor para el cristiano ferviente que para el tibio y el que se contenta por sí solo. Quien busca lo mejor de Dios está ansioso por escuchar a quien le ofrece un camino por el que obtenerlo. Anhela alguna experiencia nueva, una visión elevada de la verdad, una manifestación del Espíritu que le haga remontarse sobre el nivel muerto de la mediocridad religiosa que ve a su alrededor, y por este motivo está dispuesto a prestar oído atento a todo lo nuevo y lo maravilloso de la religión, sobre todo cuando lo expone alguien que tiene una personalidad atractiva y fama de ser muy santo.

Ahora bien, nuestro Señor Jesús, el Buen Pastor de las ovejas, no ha dejado su rebaño en manos de los lobos. Nos ha dado las Escrituras, el Espíritu Santo y una capacidad natural de observación, y espera que recurramos sin cesar a su ayuda. "Examinadlo todo; retened lo bueno", dijo Pablo (1 Ts. 5:21). Juan escribió: "Amados, no creáis a todo espíritu, sino probad los espíritus si son de Dios; porque muchos falsos profetas han salido por el mundo" (1 Jn. 4:1). Nuestro Señor advirtió: "Guardaos de los falsos profetas, que vienen a vosotros con vestidos de ovejas, pero por dentro son lobos rapaces" (Mt. 7:15). Luego añadió cómo se los podía identificar: "por sus frutos los conoceréis" (v. 16).

Los tiempos en que vivimos prueban las almas de los hombres.

A la luz de esto es evidente no solo que habrá espíritus engañadores, que pondrán en peligro nuestra vida cristiana, sino que se les puede identificar por lo que son. Y, por supuesto, una vez detectamos su identidad y aprendemos sus maniobras, desaparece su poder para dañarnos. "Porque en vano se tenderá la red ante los ojos de toda ave" (Pr. 1:17).

Tengo la intención de exponer un método para probar los espíritus y todas las cosas religiosas y morales que llegan hasta nosotros o que nos traen u ofrecen otros. Y, mientras tratamos este asunto, debemos tener en mente que no todos los caprichos religiosos son obra de Satanás. La mente humana es capaz de hacer mucho daño sin ayuda del diablo. Algunas personas tienen facilidad para que las confundan, y no saben distinguir el espejismo de la realidad incluso a la luz del día y con la Biblia abierta ante sus ojos. Pedro tenía en mente a estas personas cuando escribió: "como también nuestro amado hermano Pablo, según la sabiduría que le ha sido dada, os ha escrito, casi en todas sus epístolas, hablando en ellas de estas cosas; entre las cuales hay algunas difíciles de entender, las cuales los indoctos e inconstantes tuercen, como también las otras Escrituras, para su propia perdición" (2 P. 3:15-16).

No es probable que los apóstoles convencidos de la confusión lean lo que escribo aquí o que, si lo hicieran, sacasen algún provecho; pero hay muchos cristianos sensatos que han sido alejados del rumbo pero que son lo bastante humildes como para reconocer sus errores y están dispuestos a volver al Pastor y Obispo de sus almas. A estos se les puede rescatar de los malos caminos. Lo que es más importante, sin duda existe un gran número de personas que no han abandonado el camino recto, pero que quieren disponer de una norma con la que probarlo todo y también la calidad de la enseñanza y la experiencia cristianas cuando entran en contacto con ellas, un día tras otro y a lo largo de sus vidas ajetreadas. Para estas personas quiero desvelar un pequeño secreto con el que he probado durante muchos años mis propias experiencias espirituales y mis impulsos religiosos.

En pocas palabras, la prueba es la siguiente: esta nueva doctrina, esta nueva costumbre religiosa, esta nueva visión de la verdad, esta experiencia espiritual nueva, *¿cómo ha afectado a mi actitud hacia Dios y a mi relación con él, con Cristo, con las Sagradas Escrituras, conmigo mismo, con otros cristianos, con el mundo y con el pecado?* Mediante esta prueba de siete factores podemos probar todo lo religioso y saber, sin lugar a duda, si viene de Dios o no. Sabemos qué tipo de árbol es en función del fruto que da. Por lo tanto, sobre toda doctrina o experiencia hemos de preguntar: ¿Cómo me está afectando? Así sabremos de inmediato si viene de arriba o de abajo:

1. Una prueba vital de toda experiencia religiosa es el modo en que afecta nuestra relación con Dios, nuestro concepto de Él y nuestra actitud hacia su Persona.

Dios, siendo quien es, debe ser siempre el árbitro supremo de todas las cosas religiosas. El universo llegó a existir como un medio por el cual el Creador pudiese manifestar sus perfecciones a todos los seres morales e intelectuales: "Yo Jehová; este es mi nombre; y a otro no daré mi gloria" (Is. 42:8). "Señor, digno eres de recibir la gloria y la honra y el poder; porque tú creaste todas las cosas, y por tu voluntad existen y fueron creadas" (Ap. 4:11).

La salud y el equilibrio del universo exigen que Dios sea

magnificado en todas las cosas. "Grande es Jehová, y digno de suprema alabanza; y su grandeza es inescrutable" (Sal. 145:3). Dios obra solo para su gloria, y todo lo que venga de Él debe ir destinado a su propia honra elevada. Toda doctrina, toda experiencia que contribuya a engrandecerle probablemente será inspirada por Él. Por el contrario, todo lo que oculta su gloria o le hace aparecer menos maravilloso proviene, sin duda alguna, de la carne o del diablo.

Toda doctrina, toda experiencia que contribuya a engrandecer a Dios probablemente será inspirada por Él.

El corazón humano es como un instrumento musical, que puede tocar el Espíritu Santo, un espíritu maligno o el propio espíritu del hombre. Las emociones religiosas son muy parecidas, sin importar quién sea el intérprete. Una adoración pobre o incluso idólatra puede producir muchos sentimientos agradables en el alma. La monja que se arrodilla "en adoración apasionada" ante una imagen de la Virgen tiene una experiencia religiosa genuina. Siente amor, temor y reverencia, emociones positivas, tanto como si estuviera adorando a Dios. Las experiencias místicas de los hindúes y los sufíes no se pueden dejar a un lado como mero fingimiento. Tampoco podemos rechazar, calificándolos de imaginaciones, los elevados vuelos religiosos de los espiritistas y otros ocultistas. Pueden tener, y en ocasiones tienen, encuentros auténticos con algo o alguien más allá de sí mismos. De la misma manera, los cristianos a veces son llevados a experiencias emocionales que exceden a su capacidad de comprensión. He conocido a gente así, y me han preguntado ansiosamente si su experiencia vino de Dios o no.

La prueba de fuego es: ¿Cómo ha afectado esto a mi relación con el Dios y Padre de nuestro Señor Jesucristo? Si esta nueva visión de la verdad (este nuevo encuentro con las cosas espirituales) me ha hecho amar más a Dios, le ha engrandecido a mi vista, si ha purificado mi concepto de su ser y ha hecho que me parezca más maravilloso que antes, entonces puedo llegar a la conclusión de que no me he perdido por los agradables pero peligrosos y prohibidos senderos del error.

2. La segunda prueba pregunta: "¿Cómo ha afectado esta nueva experiencia a mi actitud hacia el Señor Jesucristo?". Independientemente del lugar que le preste la religión actual a Cristo, Dios le concede el lugar más elevado en el cielo y en la tierra. "Este es mi Hijo amado, en quien tengo complacencia" (Mt. 3:17), dijo la voz de Dios desde los cielos, hablando sobre nuestro Señor Jesús. Pedro, lleno del Espíritu Santo, declaró: "que a este Jesús a quien vosotros crucificasteis, Dios le ha hecho Señor y Cristo" (Hch. 2:36). Jesús dijo de sí mismo: "Yo soy el camino, y la verdad, y la vida; nadie viene al Padre, sino por mí" (Jn. 14:6). Una vez más, Pedro dijo de Él: "Y en ningún otro hay salvación; porque no hay otro nombre bajo el cielo, dado a los hombres, en que podamos ser salvos" (Hch. 4:12). Todo el libro de Hebreos está dedicado a la idea de que Cristo está por encima de cualquier otro. Demuestra que está por encima de Aarón y de Moisés, e incluso se ordena a los ángeles que se arrodillen y le adoren. Pablo dice que Jesús es la imagen del Dios invisible (Col. 1:15), que en Él habita toda la plenitud de la Deidad (2:9), y que debe tener preeminencia sobre todas las cosas (1:18). Pero el tiempo no alcanzaría para hablar de la gloria que han atribuido al Señor profetas, patriarcas, apóstoles, santos, ancianos, salmistas, reyes y serafines. Ha sido hecho para nosotros sabiduría, justicia, santificación y redención (1 Co. 1:30). Él es nuestra esperanza, nuestra vida, nuestro todo en todo, ahora y para siempre.

Dado que todo esto es cierto, está claro que debe estar en el centro de toda doctrina verdadera, toda práctica aceptable, toda experiencia cristiana genuina. Todo lo que haga de Él menos de lo que Dios ha dicho que es no es más que un engaño puro y simple, y debemos rechazarlo, por agradable o satisfactorio que parezca ser en ese momento.

El cristianismo sin Cristo parece una contradicción, pero existe como fenómeno real en nuestros días. Mucho de lo que se hace en el nombre de Cristo miente en el sentido de que lo ha concebido la carne, introduce métodos carnales y busca fines mundanos. A Cristo se lo menciona de vez en cuando de la misma manera y por el mismo motivo por el que un político egoísta menciona a Lincoln y la bandera: para revestir de santidad actividades carnales, y para engañar a los oyentes sencillos. El síntoma revelador es que Cristo no es el centro; no es el todo en todo.

Una vez más, hay experiencias psíquicas que emocionan al buscador y le inducen a pensar que ha contactado de verdad con el Señor y ha sido llevado al tercer cielo; pero la verdadera naturaleza del fenómeno se revela más adelante, cuando el rostro de Cristo empieza a desvanecerse de la consciencia de la víctima, que cada vez depende más y más de "inyecciones" emocionales como prueba de su espiritualidad.

Si por otro lado la experiencia nueva tiende a hacer que Cristo sea indispensable, si aparta nuestra atención de los sentimientos y la centra en Él, vamos por el buen camino. Es bastante seguro que todo lo que nos hace amar a Cristo procede de Dios.

3. Otra prueba reveladora de la validez de una experiencia religiosa es: ¿Cómo afecta a mi actitud hacia las Sagradas Escrituras?

Esta nueva experiencia, esta nueva visión de la verdad, ¿ha surgido de la propia Palabra de Dios o ha sido el resultado de algún estímulo ajeno a la Biblia? A menudo los cristianos sensibles son víctimas de fuertes presiones psicológicas que generan, intencionada o inocentemente, el testimonio personal de otros, o un relato colorido que ha expuesto un ferviente predicador que, quizá, hable con una firmeza profética pero que no ha confrontado su historia con los datos ni ha analizado la validez de sus conclusiones consultando la Palabra de Dios.

Todo lo que se origina fuera de las Escrituras debe ser mirado con sospecha hasta que se demuestre que está de acuerdo con ellas.

Por este mismo motivo, todo lo que se origina fuera de las Escrituras debe ser mirado con sospecha hasta que se demuestre que está de acuerdo con ellas. Si descubrimos que es contrario a la Palabra de la verdad revelada, ningún cristiano auténtico aceptará que viene de Dios. Por muy elevado que sea su contenido emocional, ninguna experiencia se demuestra que es genuina a menos que podamos hallar un capítulo y un versículo de las Escrituras que la respalde. La última prueba, la definitiva, debe ser siempre "a la ley y al testimonio" (Is. 8:20).

También hay que enfocar con mucha precaución todo lo que es nuevo o singular, hasta contar con una prueba bíblica de su validez. Durante el último medio siglo los cristianos han ido aceptando un número considerable de conceptos no bíblicos, afirmando que aquellos se contaban entre las verdades que deben revelarse en los últimos tiempos. No cabe duda, afirman los abogados de esta teoría del aumento de la luz, que Agustín no sabía nada, ni Lutero, ni John Knox, Finney ni Spurgeon entendían esto; pero ahora sobre el pueblo de Dios se ha derramado una luz más intensa, y nosotros, que vivimos los últimos tiempos, contamos con el beneficio de una revelación más completa. "No debemos cuestionar la nueva doctrina ni alejarnos de esta experiencia avanzada. El Señor está preparando a su Esposa para la cena de las bodas del Cordero. Todos debemos entregarnos a este nuevo movimiento del Espíritu". Eso nos dicen.

Lo cierto es que la Biblia no enseña que en los últimos tiempos habrá una nueva luz y experiencias espirituales avanzadas; *enseña precisamente lo contrario.* No se pueden retorcer el libro de Daniel y las epístolas del Nuevo Testamento de tal modo que respalden la idea de que nosotros, que vivimos el final de la era cristiana, disfrutaremos de una luz que no conocieron quienes vivieron al principio. Cuidado con el hombre que afirma ser más sabio que los apóstoles o más santo que los mártires de la iglesia primitiva. La mejor manera de tratarlo es levantarse y marcharse de su presencia. No le puedes ayudar, y sin duda él no puede ayudarte.

Sin embargo, teniendo en cuenta que a veces las Escrituras no son claras y que pueden darse diferencias de interpretación entre personas sinceras, este examen nos dará todas las pruebas que necesitamos sobre cualquier cosa religiosa, como por ejemplo: "¿Cómo afecta a mi amor por las Escrituras y mi forma de apreciarlas?".

Si bien el verdadero poder no radica en la letra del texto sino en el Espíritu que lo inspiró, nunca debemos subestimar el valor de la primera. El texto de verdad tiene la misma relación con ella como la tiene la colmena con la miel. Una es un receptáculo de la otra. Pero ahí acaba la analogía. La miel se puede extraer de la colmena, pero el Espíritu de verdad no puede funcionar ni funciona aparte de la letra de las Sagradas Escrituras. Por este motivo, el conocimiento creciente del Espíritu Santo siempre supone que aumente el amor por la Biblia. Las Escrituras son en versión impresa lo que Cristo es en persona. La Palabra inspirada es como un retrato fiel de Cristo. Pero, una vez más, aquí la imagen se rompe. En la Biblia Cristo es como nadie lo puede ser en un simple retrato, porque la Biblia es un libro que contiene ideas sagradas, y el Verbo eterno del Padre puede habitar y habita en el pensamiento que Él mismo ha inspirado. Los pensamientos son cosas, y los pensamientos de las Sagradas Escrituras constituyen un templo sublime para que sea la morada de Dios.

La consecuencia lógica de esto es que quien ama realmente

a Dios también amará su Palabra. Todo lo que venga a nosotros de parte del Dios de la Palabra profundizará nuestro amor por la Palabra de Dios. Esto es lógico, pero tenemos la confirmación de un testigo mucho más digno de confianza que la lógica, a saber, el testimonio concertado de una gran nube de testigos, tanto vivos como muertos. Estos declaran a una sola voz que su amor por las Escrituras aumentó al mismo ritmo que su fe, y que su obediencia fue coherente y gozosa.

Todo lo que venga a nosotros de parte del Dios de la Palabra profundizará nuestro amor por la Palabra de Dios.

Si la nueva doctrina, la influencia de ese maestro nuevo, la nueva experiencia emocional llena mi corazón del anhelo ardiente de meditar en las Escrituras de día y de noche, tengo motivos para creer que Dios ha hablado a mi alma y que mi experiencia es genuina. Por el contrario, si mi amor por las Escrituras se ha enfriado, aunque sea un poco, si mi deseo de comer y beber de la Palabra inspirada se ha reducido aunque sea un grado, debo admitir humildemente que en algún momento he perdido la pista de Dios, y retroceder francamente hasta que vuelva a encontrar el rumbo adecuado.

4. Una vez más, podemos demostrar la calidad de la experiencia religiosa por el efecto que tiene sobre nuestro yo.

El Espíritu Santo y el yo humano caído son cosas diametralmente opuestas. "Porque el deseo de la carne es contra el Espíritu, y el del Espíritu es contra la carne; y éstos se oponen entre sí, para que no hagáis lo que quisiereis" (Gá. 5:17). "Porque los que son de la carne piensan en las cosas de la carne; pero los que son del Espíritu, en las cosas del Espíritu... Por cuanto los designios de la carne son enemistad contra Dios; porque no se sujetan a la ley de Dios, ni tampoco pueden" (Ro. 8:5, 7).

Antes de que el Espíritu de Dios pueda actuar creativamente en nuestros corazones, debe condenar y matar la "carne" en nuestro ser; es decir, debe tener nuestro consentimiento pleno para que sustituya nuestro yo natural por la persona de Cristo. Esta transformación se explica muy bien en Romanos 6, 7 y 8. Cuando el cristiano que busca ha pasado por la experiencia de la crucifixión descrita en los capítulos 6 y 7, entra en las amplias regiones libres del capítulo 8. Allí el yo es destronado, y Cristo entronizado para siempre.

A la luz de esto, no es difícil entender por qué la actitud del cristiano hacia el yo es una prueba tan excelente de la validez de sus experiencias religiosas. La mayor parte de los grandes maestros de la vida interior, como Fenelon, Molinos, Juan de la Cruz, Madame Guyon y muchos otros, nos ha advertido contra las experiencias pseudorreligiosas que proporcionan mucho deleite carnal, pero alimentan la carne e inflan el corazón con un amor egocéntrico.

Una buena regla es la siguiente: si esta experiencia ha servido para humillarme y hacerme parecer pequeño y vil a mis propios ojos, viene de Dios; pero si me ha hecho sentirme satisfecho de mí mismo, es falsa y hay que rechazarla como algo que viene de uno mismo o del diablo. Nada de lo que viene de Dios servirá a mi orgullo ni me hará felicitarme. Si soy tentado a sentirme complaciente y superior porque he tenido una visión notable o una experiencia espiritual avanzada, debo caer de rodillas de inmediato y arrepentirme de la experiencia. He sido víctima del enemigo.

5. Nuestra relación con nuestros hermanos cristianos y nuestra actitud hacia ellos es otro indicador preciso de la experiencia religiosa.

A veces, un cristiano sincero, después de experimentar un encuentro espiritual notable, se apartará de sus hermanos y desarrollará un espíritu crítico hacia ellos. Puede que esté sinceramente convencido de que su experiencia es superior, que ahora vive en un estado avanzado de gracia y que los miembros corrientes de la iglesia a la que asiste no son más que una multitud variopinta, y que él es un verdadero hijo o hija de Israel. Puede esforzarse por tener paciencia con esos mundanos religiosos, pero su lenguaje apacible y su sonrisa condescendiente revelan lo que opina de verdad de ellos... y de sí mismo. Es una actitud mental peligrosa, y lo es especialmente porque puede justificarse basándose en los hechos. El hermano *ha* tenido una experiencia notable; *ha* recibido una iluminación maravillosa sobre las Escrituras; *ha* penetrado en un territorio gozoso que antes no conocía. Y bien pudiera ser cierto que los cristianos profesos a los que conoce sean mundanos, apagados, y carezcan de entusiasmo espiritual. Lo que demuestra que está equivocado no es que interprete mal los datos, sino que su forma de reaccionar ante ellos proviene de la carne. Su nueva espiritualidad lo ha vuelto menos caritativo.

Si soy tentado a sentirme superior porque he tenido una visión notable, debo caer de rodillas de inmediato y arrepentirme de la experiencia.

Lady Juliana nos dice, con su vocabulario tan particular, cómo afecta la verdadera gracia cristiana a nuestra actitud hacia otros: "pues entre todas las cosas, es la contemplación del Hacedor y el amor hacia Él lo que hace que el alma parezca menos a sus propios ojos, y lo que más la llena de un temor reverente y una mansedumbre sincera; esto va unido a una caridad intensa hacia sus hermanos en la fe". Si una experiencia religiosa no profundiza nuestro amor por nuestros hermanos en la fe, podemos rechazarla tranquilamente como falsa.

El apóstol Juan convierte el amor por los hermanos en un verdadero indicador de la fe. "Hijitos míos, no amemos de palabra ni de lengua, sino de hecho y en verdad. Y en esto conocemos que somos de la verdad, y aseguraremos nuestros corazones delante de él" (1 Jn. 3:18-19). En otro pasaje dice: "Amados, amémonos unos a otros; porque el amor es de Dios. Todo aquel que ama, es nacido de Dios, y conoce a Dios" (1 Jn. 4:7-8).

A medida que crecemos en la gracia amamos más a todo el pueblo de Dios. "Y todo aquel que ama al que engendró, ama también al que ha sido engendrado por él" (1 Jn. 5:1). Esto significa, sencillamente, que si amamos a Dios amaremos a sus hijos. Toda experiencia cristiana auténtica profundizará nuestro amor hacia otros cristianos.

Por consiguiente, llegamos a la conclusión de que todo lo que tienda a separarnos física o emocionalmente de nuestros hermanos en la fe no es de Dios, sino de la carne o del diablo. Y por el contrario, todo lo que nos lleva a amar a los hijos de Dios será probablemente de Él. "En esto conocerán todos que sois mis discípulos, si tuviereis amor los unos con los otros" (Jn. 13:35).

6. Otro indicador seguro de la fuente de la que proviene la experiencia religiosa es el siguiente: fíjate en cómo afecta a nuestra relación y a nuestra actitud hacia el mundo.

Por supuesto, al decir "el mundo" no me refiero al hermoso orden natural que Dios ha creado para que la humanidad lo disfrute. Tampoco me refiero al mundo de los hombres perdidos en el sentido que usó nuestro Señor cuando dijo: "Porque de tal manera amó Dios al mundo, que ha dado a su Hijo unigénito, para que todo aquel que en él cree, no se pierda, mas tenga vida eterna. Porque no envió Dios a su Hijo al mundo para condenar al mundo, sino para que el mundo sea salvo por él" (Jn. 3:16-17). Está claro que todo contacto verdadero de Dios con el alma profundizará nuestra apreciación de las bellezas de la naturaleza e intensificará nuestro amor por los perdidos. Aquí me refiero a otra cosa distinta.

Dejemos que un apóstol lo diga por nosotros: "Porque todo

lo que hay en el mundo, los deseos de la carne, los deseos de los ojos, y la vanagloria de la vida, no proviene del Padre, sino del mundo. Y el mundo pasa, y sus deseos; pero el que hace la voluntad de Dios permanece para siempre" (1 Jn. 2:16-17).

Este es el mundo que podemos usar para probar los espíritus. Es el mundo de los placeres carnales impíos, el de la búsqueda de riquezas y reputación terrenales y de la felicidad pecaminosa. Funciona sin Cristo, siguiendo el consejo de los impíos e impulsado por el príncipe de la potestad del aire, el espíritu que obra en los hijos de desobediencia (ver Ef. 2:2). Su religión es una forma de santidad sin poder, que tiene fama de estar viva pero está muerta. En resumen, es la sociedad humana no regenerada que avanza por el camino al infierno, exactamente lo opuesto a la verdadera Iglesia de Dios, que es una sociedad de almas regeneradas que caminan sobria pero alegremente hacia el cielo.

Toda experiencia cristiana auténtica profundizará nuestro amor hacia otros cristianos.

Toda obra auténtica de Dios en nuestro corazón tenderá a volvernos incompatibles con la comunión del mundo. "No améis al mundo, ni las cosas que están en el mundo. Si alguno ama al mundo, el amor del Padre no está en él" (1 Jn. 2:15). "No os unáis en yugo desigual con los incrédulos; porque ¿qué compañerismo tiene la justicia con la injusticia? ¿Y qué comunión la luz con las tinieblas?" (2 Co. 6:14). Podemos afirmar sin temor a equivocarnos que todo espíritu que permita un compromiso con el mundo es un espíritu mentiroso. Todo movimiento religioso que imite al mundo en alguna de sus manifestaciones traiciona la cruz de Cristo y está de parte del diablo; y lo está por mucho que sus líderes proclamen que "hay que aceptar a Cristo" o "dejar que Dios guíe tu empresa".

7. El último indicador de la genuinidad de la experiencia cristiana es lo que hace a nuestra actitud hacia el pecado.

La operación de la gracia en el corazón de un creyente apartará ese corazón del pecado y lo acercará a la santidad. "Porque la gracia de Dios se ha manifestado para salvación a todos los hombres, enseñándonos que, renunciando a la impiedad y a los deseos mundanos, vivamos en este siglo sobria, justa y piadosamente, aguardando la esperanza bienaventurada y la manifestación gloriosa de nuestro gran Dios y Salvador Jesucristo" (Tit. 2:11-13).

Todo lo que haga que la santidad sea más atractiva y el pecado más intolerable se puede aceptar como genuino.

No veo cómo podría decirse más claro. La misma gracia que salva, enseña; y su enseñanza es tanto negativa como positiva. Negativamente, nos enseña a rechazar la impiedad y los deseos mundanos. Positivamente, nos enseña a vivir con sobriedad, justicia y santidad en este mundo presente.

El hombre de corazón honesto no tendrá problemas en este sentido. Solo tiene que analizar su propia tendencia para descubrir si desde que la (supuesta) obra de la gracia actuó en su vida le preocupa más o menos el pecado que hay en su vida. Todo lo que debilite su odio por el pecado es identificable de inmediato como una distorsión de las Escrituras, una traición al Salvador y a su propia alma. Todo lo que haga que la santidad sea más atractiva y el pecado más intolerable se puede aceptar como genuino. "Porque tú no eres un Dios que se complace en la maldad; el malo no habitará junto a ti. Los insensatos no estarán delante de tus ojos; aborreces a todos los que hacen iniquidad" (Sal. 5:4-5).

Jesús advirtió: "Porque se levantarán falsos Cristos, y falsos profetas, y harán grandes señales y prodigios, de tal manera que engañarán, si fuere posible, aun a los escogidos" (Mt. 24:24). Estas palabras describen demasiado bien nuestros tiempos como para pensar que son casualidad. He expuesto estos indicadores para que "los elegidos" se beneficien de ellos. El resultado está en manos de Dios.

46

Pensamientos sobre los libros y la lectura

Hoy día, en muchas partes del mundo, uno de los grandes problemas es aprender a leer, y en otras lo es encontrar algo que leer después de haber aprendido. En nuestro Occidente favorecido estamos rodeados de material impreso, de modo que nuestro problema es la selección. Debemos decidir qué no leer.

Hace casi un siglo, Emerson señaló que si un hombre pudiera empezar a leer el día en que naciese y seguir leyendo sin interrupción durante setenta años, al final de ese tiempo solo habría leído suficientes libros como para llenar un espacio diminuto de la Biblioteca Británica. La vida es tan corta y los libros a nuestra disposición son tantos que nadie puede conocer más que una parte del uno por ciento de los libros publicados.

No hace falta decir que la mayoría de nosotros no somos lo bastante selectivos en nuestra lectura. A menudo me pregunto cuántos metros cuadrados de texto impreso pasan por delante de los ojos del hombre civilizado medio durante el curso de un año. Seguro que son muchos kilómetros, y me temo que nuestro lector medio no analiza una buena parte de su cosecha literaria. El mejor consejo que he oído sobre este tema lo dio un ministro metodista. Dijo: "Lee el periódico siempre de pie". Henry David Thoreau también tenía una mala opinión de la prensa diaria.

Justo antes de abandonar la ciudad para pasar ese tiempo que se ha hecho tan famoso a las orillas de Walden Pond, un amigo le preguntó si quería que le enviasen algún diario a su cabaña. "No", respondió Thoreau. "Ya he visto uno".

Es probable que cuando elegimos nuestras lecturas nos veamos muy influenciados por la idea de que el valor principal de un libro radica en informar; y si hablamos de manuales, por supuesto que es así, pero cuando hablamos o escribimos acerca de los libros lo que tenemos en mente no son los libros de texto.

El mejor libro no es aquel que se limita a informar, sino el que induce al lector a informarse por su cuenta. El mejor escritor es aquel que nos acompaña por el mundo de las ideas como si fuera un guía amistoso que camina a nuestro lado por el bosque, señalándonos cien maravillas naturales que antes no habíamos visto. Gracias a él aprendemos a ver por nosotros mismos, y pronto no tenemos necesidad de tener guía. Si ha hecho bien su trabajo, podremos seguir avanzando solos y perdernos pocas cosas mientras lo hacemos.

El mejor libro no es aquel que se limita a informar, sino el que induce al lector a informarse por su cuenta.

El escritor que más hace por nosotros es quien llama nuestra atención sobre pensamientos que están cerca de nuestra mente, esperando que los reconozcamos como propios. Semejante hombre actúa como una comadrona, que ayuda en el parto de las ideas que llevan mucho tiempo gestándose en nuestras almas, pero que sin su ayuda quizá nunca habrían nacido.

Hay pocas emociones tan satisfactorias como la alegría que procede del acto de reconocimiento cuando vemos e identificamos nuestros propios pensamientos. Todos hemos tenido maestros que intentaron educarnos a base de meternos en la cabeza ideas ajenas, ideas con las que no sentíamos afinidad espiritual o intelectual. Intentaron integrarlas en nuestra filosofía espiritual total, pero siempre sin éxito.

En un sentido muy real, nadie puede enseñar a nadie; solo puede ayudarle a aprender por su cuenta. Es posible transferir datos de una mente a otra, igual que puede hacerse una copia de una pieza musical. De esta manera se puede enseñar historia, ciencia, incluso teología, pero el resultado es un tipo de aprendizaje artificial, y raras veces produce efectos positivos en la vida profunda del alumno. Lo que el aprendiz aporta al proceso de aprendizaje es tan importante como todo lo que ofrece el maestro. Si el aprendiz no aporta nada, los resultados son nulos; como mucho, producirán la creación artificial de otro profesor que repita la misma tarea tediosa con otro, y así sucesivamente.

El objetivo de la enseñanza debería ser la percepción de las ideas, no su almacenamiento. La mente debería ser un ojo para ver, no un cajón en el que guardar datos. El hombre que ha sido educado por el Espíritu Santo será un vidente, no un erudito. La diferencia es que el erudito ve, y el vidente ve más allá, y esta es una diferencia realmente importante.

La mente debería ser un ojo para ver, no un cajón en el que guardar datos.

El intelecto humano, incluso en su condición caída, es una obra impresionante de Dios, pero está envuelto en tinieblas hasta que ha sido iluminado por el Espíritu Santo. Nuestro Señor tiene poco bueno que decir sobre la mente no iluminada, pero se goza en la mente que la gracia ha renovado e iluminado. Siempre glorifica el lugar donde pone los pies; en este mundo pocas cosas hay más hermosas que una mente llena del Espíritu, y sin duda nada tan maravilloso como una mente alerta y ansiosa que se ha vuelto incandescente gracias a la presencia de Cristo que vive en ella.

Dado que lo que leemos, en un sentido muy real, penetra en el alma, es muy importante que leamos lo mejor y solo lo mejor. No puedo por menos que sentir que los cristianos estaban mucho mejor antes de que hubieran tantos materiales de lectura entre los que elegir. Hoy día hemos de aplicar una disciplina radical en nuestros hábitos de lectura. Todo cristiano debe dominar la Biblia, o al menos dedicar horas y días y años a esta actividad. Y debe leer siempre la Biblia, como dijo George Müller, "meditando en ella".

Después de la Biblia, el libro más valioso para un cristiano es un *buen* himnario. Si cualquier cristiano joven se pasa un año meditando en oración en los himnos de Watts y de Wesley, se convertirá en un buen teólogo. Luego puede leer una dieta equilibrada de las obras de los puritanos y los místicos cristianos. Los resultados serán más maravillosos de lo que pueda imaginar.

EL SANTO DEBE CAMINAR SOLO[6]

La mayor parte de las grandes almas de este mundo han sido solitarias. Parece ser que el precio que debe pagar el santo por su santidad es vivir solo.

En los albores del mundo (o, podríamos decir, en esa extraña oscuridad que se produjo poco después de la creación del ser humano), un alma piadosa, Enoc, caminó con Dios y desapareció, porque Dios se lo llevó; y aunque no se dice con tantas palabras, la conclusión lógica es que Enoc recorrió un sendero bastante diferente al de sus contemporáneos.

Otro hombre solitario fue Noé, quien, de entre todos los antediluvianos, halló gracia a los ojos de Dios; y todas las evidencias apuntan a la soledad de su vida aun cuando estuvo rodeado de los suyos.

También Abraham tenía a Sara y a Lot, así como muchos siervos y pastores, pero ¿quién puede leer su historia y el comentario apostólico sobre ella sin percibir de inmediato que era un hombre "con un alma como una estrella y que habitaba aparte"[7]? Por lo que sabemos, Dios jamás le dijo una palabra cuando estaba

6. Este capítulo se escribió originariamente para la revista *Eternity*, y se usa aquí con su amable permiso.

7. NT. Tozer cita una frase del poema de William Wordsworth, "London, 1802" ("Londres, 1802).

acompañado. Tenía comunión con su Dios postrado sobre su rostro, y la dignidad innata del ser humano impedía que adoptase esa postura en presencia de otros. ¡Qué dulce y solemne fue la escena la noche del sacrificio, cuando vio las llamas de fuego pasando entre los trozos de la ofrenda! Allí, a solas y sometido al terror de las densas tinieblas, escuchó la voz de Dios y supo que era un hombre señalado para recibir el favor divino.

Moisés también fue un hombre solitario. Mientras tuvo contacto con la corte de faraón daba largos paseos a solas y, durante uno de ellos, cuando estaba muy alejado de la multitud, vio cómo luchaban un egipcio y un hebreo, y acudió al rescate de su paisano. Después de la ruptura resultante con Egipto vivió en un aislamiento casi total en el desierto. Allí, mientras cuidaba a solas de sus ovejas, se le apareció la maravilla de la zarza ardiente y, más tarde, en la cima del Sinaí, se inclinó para contemplar fascinado la Presencia, en parte oculta, en parte revelada, dentro de la nube y el fuego.

Los profetas de la época precristiana eran muy distintos unos de otros, pero algo que tenían en común era su soledad forzosa. Amaban a su pueblo y se gloriaban en la religión de sus padres, pero su lealtad al Dios de Abraham, de Isaac y de Jacob, y su celo por el bienestar de la nación de Israel, los alejaba de la multitud y los sometía a largos períodos de angustia. "Extraño he sido para mis hermanos, y desconocido para los hijos de mi madre" (Sal. 69:8), clamaba uno que, sin saberlo, hablaba por todos los demás.

Lo más revelador es la visión de Aquel de quien escribieron Moisés y todos los profetas, que recorrió a solas su camino hacia la cruz. Su profunda soledad no se vio aliviada por la presencia de las multitudes.

Es medianoche, y sobre los Olivos
la estrella que brillaba se apagó;

es medianoche; en el jardín, a solas,
ora sufriendo y solo el Salvador.

Es medianoche, y de todos alejado
el Salvador lucha contra su temor;
aun el discípulo al que él amaba
ignora del Maestro el llanto y el dolor.
—William B. Tappan

Murió solo, en las tinieblas, oculto a la mirada de los mortales, y nadie le vio cuando resucitó triunfante y salió del sepulcro, aunque después muchos le vieron y testificaron de ello. Hay cosas que son demasiado sagradas como para que las vean otros ojos que no sean los de Dios. La curiosidad, el clamor, el esfuerzo bien intencionado pero torpe de ayudar, solo ponen trabas al alma que espera, y hacen que sea improbable, por no decir imposible, que el mensaje secreto de Dios llegue al corazón adorador.

La soledad del cristiano nace de su caminar con Dios en un mundo impío.

A veces reaccionamos movidos por una especie de reflejo religioso, y repetimos obedientemente las palabras y las frases correctas aun cuando estas no logran expresar nuestros verdaderos sentimientos, y carecen de la autenticidad de la experiencia personal. Ahora vivimos unos momentos así. Puede que cierta lealtad convencional lleve a algunos que escuchan por primera vez esta verdad poco familiar a decir alegremente: "¡Ah, yo nunca estoy solo! Cristo dijo: 'No os dejaré, ni os desampararé' (He. 13:5), y 'He aquí yo estoy con vosotros todos los días' (Mt. 28:20). ¿Cómo puedo estar solo si Jesús está conmigo?".

No quiero analizar la sinceridad de ninguna alma cristiana, pero este testimonio es demasiado bonito para ser verdad. Está claro que se trata de lo que el hablante piensa que *debería* ser cierto, no es lo que ha comprobado que es cierto mediante su propia experiencia. Esta alegre negación de la soledad demuestra solamente que quien habla nunca ha caminado con Dios sin el respaldo y el ánimo que le proporcionan la compañía de otros. La sensación de compañerismo que atribuye erróneamente a la presencia de Cristo puede que surja, y posiblemente lo hace, de la presencia de personas amigables. Recuerda siempre esto: no puedes llevar tu cruz acompañado. Aunque un hombre estuviera rodeado de una inmensa multitud, su cruz es solo suya, y el acto de llevarla le señala como una persona aparte. La sociedad se ha puesto en su contra; si no, no llevaría una cruz. Nadie quiere ser amigo de quien carga con una cruz. "Entonces todos los discípulos, dejándole, huyeron" (Mr. 14:50).

El sufrimiento de la soledad nace de la constitución de nuestra naturaleza. Dios nos hizo los unos para los otros. El deseo de tener compañía humana es totalmente natural y correcto. La soledad del cristiano nace de su caminar con Dios en un mundo impío, un caminar que a menudo debe apartarle de la comunión de los buenos cristianos, además de la del mundo no regenerado. Los instintos que Dios le ha dado claman pidiendo el compañerismo de otros de su especie, otros que puedan comprender sus anhelos, sus aspiraciones, su entrega al amor de Cristo; y dado que en su círculo de amigos son tan pocos quienes comparten sus experiencias internas, se ve obligado a caminar solo. Los anhelos insatisfechos que sentían los profetas de obtener la comprensión de otros les indujeron a clamar sus lamentaciones, e incluso nuestro Señor padeció de la misma manera.

El hombre que ha entrado en la presencia divina mediante una experiencia interna real no encontrará a muchos que le comprendan. Por supuesto, disfrutará de cierto grado de compañía social cuando se relacione con las personas religiosas en las actividades habituales de la iglesia, pero le costará encontrar un verdadero compañerismo espiritual. Después de todo, es un extranjero y un peregrino, y el viaje que hace no está en sus pies, sino en su corazón. Camina con Dios en el huerto de su propia alma, ¿y quién sino Dios puede caminar con él? Tiene otro espíritu que las multitudes que pisan los atrios de la casa del Señor. Ha visto aquello de lo que ellos solo oyeron hablar, y camina entre ellos como Zacarías lo hizo después de que volviese del altar, cuando la gente susurraba que había tenido una visión (Lc. 1:22).

El hombre realmente espiritual es inusual. No vive para sí, sino para actuar en beneficio de Otro. Procura convencer a las personas de que lo entreguen todo a su Señor, y no pide para sí porción o parte alguna. No se complace en recibir honores, sino en ver cómo su Salvador es glorificado ante los ojos de los hombres. Su gozo consiste en que su Señor crezca y él mengüe. Encuentra a pocos a quienes les interese hablar de lo que es el objeto supremo de su interés, de modo que a menudo guarda silencio y está inquieto en medio del parloteo religioso ensordecedor. Esto le crea fama de ser apagado y excesivamente serio, de modo que otros le evitan, ensanchando el abismo entre él y la sociedad. Busca amigos en cuyas prendas pueda detectar el aroma de la mirra, el áloe y la casia de los palacios de marfil, y como encuentra pocos o ninguno de estos, al igual que hizo María en la antigüedad, guarda estas cosas en su corazón.

Esta soledad es la que le lleva a acercarse a Dios. "Aunque mi padre y mi madre me dejaran, con todo, Jehová me recogerá" (Sal. 27:10). Su incapacidad para encontrar compañía humana le impulsa a buscar en Dios lo que no logra encontrar en ninguna otra parte. En su soledad interior descubre lo que no podría haber descubierto entre la multitud: que Cristo es el todo en todo, que ha sido hecho para nosotros sabiduría, justicia, santificación y redención, que en Él tenemos el *summum bonum* de esta vida.

Quedan dos cosas por decir. Una, que el hombre solitario del que hablamos no es orgulloso, ni se considera más santo que nadie, como esos santos austeros a los que han satirizado amargamente en la literatura popular. Es probable que se sienta el menor de todos los hombres, y sin duda se culpa a sí mismo de esta misma soledad. Quiere compartir con otros sus sentimientos, y abrir su corazón a alguna alma que sienta como él y le entienda, pero el clima espiritual que le rodea no fomenta tales cosas, de modo que guarda silencio y solo cuenta sus penas a Dios.

El punto débil de muchos cristianos modernos es que se sienten demasiado a gusto en el mundo.

Lo segundo es que el santo solitario no es ese hombre apartado de todo que se endurece contra el sufrimiento humano y se pasa el día contemplando los cielos. La verdad es lo contrario. Su soledad le da empatía hacia los quebrantados de corazón, los caídos y los magullados por el pecado. Como está alejado del mundo, está más preparado para ayudarles. Meister Erckhart enseñó a sus seguidores que si se encontraban orando y de repente eran arrebatados al tercer cielo y en ese momento recordaban que una viuda pobre necesitaba alimentos, debían interrumpir de inmediato la oración e ir a cuidar de ella. "Dios no permitirá que salgan perdiendo al hacer esto", les dijo. "Podrán retomar la oración donde la dejaron, y el Señor los compensará". Esto es típico de los grandes místicos y maestros de la vida interior, desde Pablo hasta el día de hoy.

El punto débil de muchos cristianos modernos es que se sienten demasiado a gusto en el mundo. En su intento de hallar el reposo que proporciona "ajustarse" a la sociedad no regenerada, han perdido su actitud de peregrinos y se han convertido en parte esencial del orden moral que fueron enviados a denunciar. El mundo los reconoce y los acepta por lo que son. Esto es lo más triste que se puede decir de ellos. No están solos, pero tampoco son santos.

48

Cómo ser lleno del Espíritu Santo

Antes de abordar la cuestión de cómo ser lleno del Espíritu Santo, hemos de clarificar ciertos asuntos. Como creyentes, tenemos que tratarlos, y es aquí donde surge la dificultad. Me ha preocupado que mis lectores hayan llegado a la conclusión, por algo que he escrito, de que yo podía transmitirles una doctrina que dijera: "cómo ser lleno del Espíritu en cinco cómodas lecciones". Si te ronda por la cabeza esa idea, lo único que puedo hacer es ponerme delante y decirte que lo siento, porque no es cierto; no puedo darte ese curso. Como digo, hay algunas cosas que tienes que resolver por ti mismo. Una de ella es esta: antes de ser lleno del Espíritu Santo *debes estar seguro de que puede llenarte.*

Satanás se ha opuesto con tanta fuerza a la doctrina de la vida llena del Espíritu como lo ha hecho con cualquier otra doctrina. La ha confundido, rebatido, rodeado de conceptos falsos y de temores. Ha bloqueado todos los intentos de la Iglesia de Cristo de recibir del Padre su patrimonio divino y comprado con sangre. La iglesia ha ignorado trágicamente esta gran verdad liberadora: que ahora el hijo de Dios tiene la posibilidad plena y maravillosa de recibir la unción satisfactoria del Espíritu Santo.

De modo que tienes que estar seguro de poder recibirla. Debes estar seguro de que es la voluntad de Dios para ti; es decir, que forma parte del plan general, incluido y enmarcado en la obra redentora de Cristo; que es, como solían decir en los campamentos cristianos: "la compra por su sangre".

Ahora podría hacer un paréntesis y decir que siempre que use el término genérico "ello" estoy hablando del don de Dios. Cuando hablo directamente del Espíritu Santo, uso el pronombre personal *Él*, en referencia a una persona, porque el Espíritu Santo no es "algo" sino "alguien".

La vida llena del Espíritu no es una edición especial, de lujo, del cristianismo. Forma parte del plan de Dios para su pueblo.

Como decía, debes estar convencido de que no hay añadidos ni extras. La vida llena del Espíritu no es una edición especial, de lujo, del cristianismo. Forma parte integral del plan general de Dios para su pueblo.

Debes estar seguro de que no es algo anormal. Admito que es infrecuente, porque hay muy pocas personas que caminen a su luz o lo disfruten, pero no es anormal. En un mundo en el que todos estuvieran enfermos, la salud sería algo inusual, pero no anómala. Este don es inusual solamente porque nuestras vidas espirituales están enfermas hasta un punto lamentable y muy lejos de donde deberían estar.

También tienes que estar seguro de que en el Espíritu Santo no hay nada curioso, extraño o amedrentador. Creo que el diablo ha obrado para rodear a la persona del Espíritu Santo de un aura de extrañeza, de rareza, de modo que el pueblo de Dios sienta que esta vida llena del Espíritu consiste en ser un poco raro, extraño, peculiar, incluso amenazador.

¡Esto no es cierto, amigo! El diablo inventó esa mentira. Salió de su mente, de la mente del mismo diablo que le dijo a nuestra antigua madre "conque Dios os ha dicho..." (Gn. 3:1), insultando así al Dios Todopoderoso. Ese mismo diablo ha difamado al Espíritu Santo. En el Espíritu Santo no hay nada extraño, nada raro, nada contrario al funcionamiento normal del corazón humano. Solo es la esencia de Jesús impartida a los creyentes. Si lees los cuatro Evangelios, verás lo maravillosamente apacible, puro, cuerdo, sencillo, dulce, natural y amable que era Jesús. Incluso los filósofos que no creen en su deidad tienen que admitir que su carácter es realmente atractivo.

Debes estar seguro de esto, convencido del todo. Es decir, debes estar convencido hasta el punto de que no intentes convencer a Dios.

A Dios no tienes que persuadirlo. No es necesario. El Dr. Simpson solía decir: "Ser lleno del Espíritu es tan fácil como respirar; inspiras y espiras". Escribió un himno sobre este tema. Lamento que el himno no se conozca más, porque la teología que contiene es maravillosa.

A menos que hayas llegado a este punto por medio de tu capacidad de escuchar, tu pensamiento, tu meditación y tu oración, y sepas que la vida llena del Espíritu es para ti, que no hay ninguna duda al respecto, ningún libro que hayas leído o sermón que hayas escuchado, o tratado que alguien te enviase y que te está inquietando; que te sientas tranquilo al respecto; que estés convencido de que en la sangre de Jesús cuando murió en la cruz estaba incluido, como comprado por esa sangre, tu derecho a tener una vida plena, llena del Espíritu; a menos que estés convencido de esto, a menos que estés persuadido de que no se trata de algo añadido, inusual, extra, de lujo, algo que tienes que acudir a Dios y rogarle y dar golpes en la silla para que te lo conceda, te recomiendo una cosa: que no hagas nada al respecto excepto meditar en los pasajes bíblicos que exponen esta verdad. Acude a la Palabra de Dios y a esos pasajes que hablan del tema que expongo en este capítulo y medita en ellos; porque "la fe es por el oír, y el oír, por la palabra de Dios" (Ro. 10:17). La verdadera fe no surge de los sermones, sino de la Palabra de Dios, y de los sermones solo en el sentido de que están sacados de la Palabra.

Te recomiendo que estés tranquilo y confiado en esto. No te pongas nervioso, no desesperes. La hora más oscura es justo antes de que amanezca. Puede ser que este momento de desencanto que vives sea el precursor de una vida nueva y hermosa, si sigues adelante para conocer al Señor.

La verdadera fe no surge de los sermones, sino de la Palabra de Dios.

Recuerda que el miedo es de la carne, y el pánico es el diablo. Nunca tengas miedo ni cedas al pánico. Cuando la gente acudía a Jesús, nadie excepto algún hipócrita le tuvo miedo. Cuando un hipócrita acudía a Jesús este lo reducía a polvo y lo despedía sangrando por todos los poros. Si estaba dispuesto a renunciar a su pecado y seguir al Señor, y se acercaba con sencillez de corazón y decía "Señor, ¿qué quieres que haga?", el Señor se tomaba todo el tiempo del mundo para hablarle y explicarle, corrigiendo toda mala impresión o idea errónea que tuviera la persona. Es el Maestro más dulce, comprensivo y maravilloso del mundo, y nunca asusta a nadie. Lo que provoca el miedo es el pecado. Si sientes pánico en tu vida, quizá se deba a que hay pecado en ella, algo de lo que debes librarte.

Una vez más, antes de ser lleno del Espíritu debes desear que te llene. He visto que a la gente esto la confunde. Alguien dirá: "¿Cómo es que nos dices que debemos desear que el Espíritu nos llene? Sabes que lo deseamos. ¿No hemos hablado contigo en persona? ¿No te hemos llamado por teléfono? ¿No estamos aquí esta noche para escuchar un sermón sobre el Espíritu Santo? ¿Acaso todo esto no evidencia que deseamos ser llenos del Espíritu Santo?".

No necesariamente, y explicaré por qué. Por ejemplo, ¿estás seguro de que quieres que te domine un espíritu que no sea el tuyo? ¿Aunque ese espíritu sea el Espíritu puro de Dios? ¿Aunque sea la esencia amorosa del Jesús amoroso? ¿Aunque sea sensato, puro y libre? ¿A pesar de que es la sabiduría personificada, la propia sabiduría, y que tiene un óleo precioso y sanador que puede derramar en tu vida? Si este Espíritu te posee alguna vez, ¡será el Señor de tu vida!

Te pregunto: ¿Quieres que sea el Señor de tu vida? Sé que deseas obtener sus beneficios, eso lo doy por hecho. Pero ¿quieres que ese Espíritu te controle? ¿Quieres entregarle las llaves de tu alma al Espíritu Santo y decirle: "Señor, a partir de ahora no tengo siquiera la llave de mi propio hogar. Voy y vengo como tú me indiques"? ¿Estás dispuesto a ceder al Señor la administración de tu empresa, que es tu alma, decir a Jesús "Siéntate en esta silla, controla estos teléfonos, da órdenes al personal y sé el Señor de este negocio"? Esto es lo que quiero decir. ¿Estás seguro de que quieres esto? ¿Seguro de que lo deseas?

¿Estás seguro de que quieres que tu personalidad la controle alguien que espera que obedezcas a la Palabra escrita y viva? ¿Seguro que quieres que domine tu personalidad alguien que no tolera los pecados del egoísmo? Por ejemplo, el amor a uno mismo. Es tan imposible tener al Espíritu Santo y amarse a uno mismo como lo es tener la pureza y la impureza en el mismo momento y lugar. Él no permitirá que confíes en ti mismo. El amor por uno mismo, la confianza en uno mismo, la autojustificación, la admiración por uno mismo, el deseo de engrandecerse y la compasión por nosotros mismos son cosas prohibidas por el Dios Todopoderoso, y donde haya tales problemas no puede enviar a su Espíritu poderoso a controlar el corazón.

Te pregunto una vez más si quieres que domine tu personalidad Aquel que se opone directamente a los caminos fáciles del mundo. Nada de tolerancia ante la maldad, nada de sonreír ante chistes inadecuados, nada de quitarle importancia a las cosas que odia Dios. Si el Espíritu de Dios se hace cargo de tu vida te hará enfrentarte al mundo, tanto como lo hizo Jesús. ¡El mundo crucificó a Jesús porque no le soportaba! En Él había algo que los reprendía, motivo por el que le odiaban y acabaron crucificándole. El mundo aborrece al Espíritu Santo tanto como odió a Jesús, aquel de quien procede. ¿Estás seguro, hermano? Quieres su ayuda, sí, quieres muchos de sus beneficios, también; pero ¿estás dispuesto a oponerte a los caminos fáciles del mundo, como Él lo hace? Si no es así, no hace falta que pidas nada más de lo que tienes, porque no lo deseas; ¡solo crees que lo deseas!

Pregunto de nuevo: ¿estás seguro de que necesitas ser lleno? ¿No puedes seguir adelante como estás? Te ha ido bastante bien: oras, lees la Biblia, ofrendas para misiones, te gusta cantar himnos, das gracias a Dios por no beber, apostar o acudir a los clubes, por ser honesto, por orar con los tuyos en el hogar. Todo esto te satisface. ¿No puedes seguir como hasta ahora? ¿Seguro que necesitas algo más que esto? Quiero ser justo contigo. Quiero hacer lo que hizo Jesús. Se volvió a quienes le seguían y les dijo la verdad. No quiero engañarte con palabras vanas. "¿Seguro que quieres seguirme?", preguntó, y muchos de ellos se alejaron. Pero Pedro dijo: "Señor, ¿a quién iremos? Tú tienes palabras de vida eterna" (Jn. 6:68). Y la multitud que no se apartó de Él fue la misma que estuvo allí cuando el Espíritu Santo descendió y llenó todos los lugares donde estaban sentados. La multitud que se apartó nunca supo de qué trataba todo.

Pero a lo mejor sientes en tu corazón que no puedes seguir adelante como estás, que el grado de espiritualidad al que sabes que te han llamado está fuera de tu alcance. Si sientes que hay algo que debes tener porque si no tu corazón nunca estará satisfecho, que hay grados de espiritualidad, profundidades místicas y cimas de comunión espiritual, pureza y poder que nunca has conocido, que hay un fruto que sabes que deberías producir y no es así, una victoria que deberías obtener y no lo has hecho... te diría: "Adelante", porque esta noche Dios tiene algo para ti.

Existe una soledad espiritual, una soledad interior, un lugar interno adonde Dios lleva a quien le busca, donde está tan solo como si en todo el mundo no hubiera ningún miembro más de la iglesia. Ah, cuando llegas a ese punto se producen unas tinieblas mentales, un vacío del corazón, una soledad del alma... pero preceden al alba. *¡Oh Dios, llévanos, de alguna manera, hasta el amanecer!*

Así es como puedes recibirlo. Primero, presenta tu cuerpo a Él (ver Ro. 12:1-2). Dios no puede llenar lo que no tiene. Ahora te pregunto: ¿estás listo para presentar tu cuerpo, con todas sus funciones y todo lo que contiene (tu mente, tu personalidad, tu espíritu, tu amor, tus ambiciones, tu todo)? Este es el primer paso. Es un acto sencillo, fácil: presentar el cuerpo. ¿Estás dispuesto a hacerlo?

Lo segundo que hay que hacer es *pedir* (ver Lc. 11:9-13), y dejo a un lado toda objeción teológica a este pasaje. Dicen que no es para nuestros tiempos. Muy bien, entonces, ¿por qué lo dejó el Señor en la Biblia? ¿Por qué no lo puso en algún otro lugar, por qué lo dejó donde pudiera verlo yo, si no quería que lo creyese? Es para todos nosotros, y si el Señor quisiera hacerlo nos lo podría dar sin que se lo pidiéramos, pero ha decidido que debemos solicitarlo. La orden de Dios siempre es "pedid y se os dará", así que ¿por qué no pedir?

La orden de Dios siempre es "pedid y se os dará", así que ¿por qué no pedir?

Hechos 5:32 nos dice lo tercero que hay que hacer. Dios da su Espíritu Santo a aquellos que le obedecen. ¿Estás dispuesto a obedecer y a hacer lo que te manden? ¿Qué sería eso? Sencillamente, vivir según las Escrituras tal como las entiendes. Sencillo, pero revolucionario.

Lo siguiente es tener fe (ver Gá. 3:2). Recibimos al Espíritu por fe como recibimos al Señor en la salvación por medio de la fe. Se presenta como un don de Dios para nosotros, con poder. Primero acude en cierto grado y medida cuando nos convertimos;

si no, no nos convertiríamos. Sin Él no podríamos nacer de nuevo, porque somos nacidos del Espíritu. Pero ahora hablo de algo muy diferente, un progreso respecto a lo primero. Hablo de su venida y su posesión de cuerpo, mente, vida y corazón, por entero, controlando toda la personalidad con amor pero directa e inevitablemente, convirtiéndola en algo suyo, de modo que nos convirtamos en morada de Dios por medio del Espíritu.

Supón que ahora cantamos. Entonemos *The Comforter Has Come* ("El Consolador llegó"), porque así ha sido. Si no ha venido a tu corazón plenamente, lo hará, pero ha venido al mundo. Está aquí, y si le presentemos nuestra vasija, está dispuesto a llenarla si se lo pedimos y tenemos fe. ¿Lo harás?

LA ADORACIÓN: LA ACTIVIDAD NATURAL DE LOS SERES MORALES

¿Por qué vino Cristo? ¿Por qué fue concebido? ¿Por qué nació? ¿Por qué fue crucificado? ¿Por qué resucitó? ¿Por qué está sentado ahora a la diestra del Padre?

La respuesta a todas estas preguntas es: "Para convertir a rebeldes en adoradores; para devolvernos al lugar de adoración que disfrutamos cuando fuimos creados".

Ahora bien, como fuimos creados para la adoración, esta es la actividad natural de los seres morales. Es la actividad normal, no algo que se haya insertado o añadido, como escuchar un concierto o admirar las flores. Es algo que está incorporado en la naturaleza humana. Cada vez que leemos sobre el cielo vemos que sus moradores alaban: en Isaías 6:1-6 vemos al Señor en lo alto, exaltado, y escuchamos decir a las criaturas "Santo, santo, santo, Jehová de los ejércitos" (v. 3); en Apocalipsis 4:8-11, Dios abre los cielos y vemos a sus habitantes adorando a Dios Padre y, en el capítulo 5, versículos 6 al 14, adoran a Dios Hijo.

La adoración es un imperativo moral. En Lucas 19:37-40 toda la multitud de discípulos adoraba al Señor mientras este se acercaba, y algunos les reprendieron. El Señor dijo: "Os digo que si éstos callaran, las piedras clamarían".

Ahora, la adoración es la joya ausente en el evangelismo moderno. Estamos organizados, trabajamos, tenemos nuestras agendas.

La adoración es la joya ausente en el evangelismo moderno.

Lo tenemos casi todo, pero hay algo que las iglesias, incluso las que siguen el evangelio, no tienen: la capacidad de adorar. No cultivamos el arte de la adoración. Es la joya reluciente que le falta a la iglesia moderna, y creo que deberíamos buscarla hasta que la encontremos.

Creo que debería hablar un poco más sobre lo que es la adoración y lo que sería si estuviera presente en la iglesia. Pues bien, es una actitud, un estado mental, una actividad sostenida, sujeta a grados de perfección y de intensidad. En cuanto Él envía el Espíritu de su Hijo a nuestros corazones, decimos "Abba", y adoramos. Eso es una cosa. Otra muy distinta es ser adoradores en el sentido pleno de la palabra en el Nuevo Testamento.

He dicho que la adoración está sujeta a grados de perfección y de intensidad. Ha habido quienes han adorado a Dios hasta el punto de sumirse en éxtasis. Una vez vi a un hombre arrodillado ante el altar, tomando la comunión. De repente fue presa de un arrebato de risa santa. Aquel hombre se rio hasta tener que sujetarse el tronco con los brazos como si tuviera miedo de romperse de puro gozo en la presencia del Dios Todopoderoso. Varias veces he visto a personas arrebatadas en un éxtasis de adoración, y también he oído a algunos recién convertidos que decían, con toda sencillez, "Abba, Padre". De modo que la adoración puede ir desde lo más sencillo hasta lo más intenso y sublime.

Ahora bien, ¿qué factores hallamos presentes en la adoración? A medida que avance mencionaré unos pocos. Primero, tenemos la *confianza ilimitada*. No se puede adorar a un Ser en quien no confías. La confianza es necesaria para el respeto, y el respeto es necesario para la adoración. La adoración sube o baja en las iglesias dependiendo de la actitud que tengamos acerca de Dios, de si vemos a Dios grande o pequeño. La mayoría de nosotros ve a Dios demasiado pequeño; nuestro Dios es demasiado reducido. David dijo: "engrandeced a Jehová conmigo" (Sal. 34:3), y "engrandecer" no significa hacer a Dios más grande. A Dios no se le puede hacer más grande, pero lo podemos *ver* grande.

Lo que digo es que la adoración sube o baja junto con nuestro concepto de Dios; por eso no creo en esos vaqueros medio convertidos que llaman a Dios "el vecino de arriba". No creo que adoren, porque su concepto de Dios es indigno de Él y también de ellos. Y si hay una enfermedad terrible en la Iglesia de Cristo es que no vemos a Dios tan grande como es. Nos resulta demasiado familiar.

La comunión con Dios es una cosa; la familiaridad con Él es otra cosa. Ni siquiera me gusta (y esto puede herir alguna sensibilidad, pero ya se curará) que a Dios se le trate de "tú". "Tú" es una expresión coloquial. A un hombre puedo tratarlo de "tú", pero a Dios debería decirle "vos sois", por ejemplo. Sé que estas palabras no se usan en todo el mundo, pero también sé que hay algunas cosas que son tan preciosas que más vale no desecharlas, y creo que cuando hablamos con Dios debemos usar pronombres puros y respetuosos.

Cuando el Espíritu Santo nos muestra a Dios como es, le admiramos hasta el punto del asombro y del deleite.

También creo que no deberíamos hablar mucho de Jesús solo como Jesús. Creo que debemos recordar quién es Él. "Él es tu señor: inclínate ante él" (Sal. 45:11, NVI). Y, aunque Él desciende hasta el punto más bajo de nuestra necesidad y se nos hace accesible con tanta ternura como una madre a su hijo, no olvidemos que cuando Juan lo vio (aquel Juan que había descansado sobre su pecho) cayó a sus pies como muerto.

He oído a todo tipo de predicadores. He escuchado a jactanciosos ignorantes; he escuchado a otros apagados y secos; he escuchado a los elocuentes; pero aquellos que me han ayudado más han sido quienes se quedaban atónitos en la presencia del Dios de quien hablaban. Podían tener sentido del humor, podían ser alegres, pero cuando hablaban de Dios su voz adquiría otro tono; era otra cosa, algo maravilloso. Creo que debemos recuperar el antiguo concepto de Dios, que hace que Él sea maravilloso e induce a los hombres a postrarse y clamar: "¡Santo, santo, santo, Señor Dios Todopoderoso!". Esto haría más por la iglesia que cualquier otra persona o cosa.

Luego está la *admiración*, es decir, la apreciación de la excelencia de Dios. El ser humano está más calificado para apreciar a Dios que cualquier otra criatura, porque fue hecho a su imagen, y es la única criatura que fue hecha así. Esta admiración por Dios va aumentando sin cesar hasta que llena el corazón de asombro y de deleite. El escritor de himnos dijo: "Con reverencia asombrada confesamos tu belleza no creada". "Con reverencia asombrada". El Dios del evangélico moderno no suele asombrar a nadie. Consigue mantenerse siempre dentro de la Constitución, sin desobedecer ninguna de nuestras leyes. Es un Dios muy bien educado, muy denominacional, es uno de los nuestros, y le pedimos que nos ayude cuando tenemos problemas, y esperamos que cuide de nosotros cuando dormimos. El Dios del evangélico moderno no es un Dios al que yo pueda respetar mucho. Pero cuando el Espíritu Santo nos muestra a Dios como es, le admiramos hasta el punto del asombro y del deleite.

Otro elemento de la verdadera adoración es la *fascinación*. Ser llenos de emoción moral. Sentirse cautivados y encantados, absortos. Emocionados no por cuán grandes nos estamos haciendo o por lo cuantiosa que fue la ofrenda. No por el número de personas que asistieron a la iglesia. Absortos por quién es Dios, y dominados por un asombro maravillado frente a las inconcebibles altura, magnitud y esplendor del Dios Todopoderoso.

Recuerdo que siendo un cristiano joven tuve mi primera visión temible, maravillosa, cautivadora. Estaba en un bosque de Virginia Occidental, sentado sobre un tronco y leyendo las Escrituras, junto a un viejo evangelista irlandés llamado Robert J. Cunningham, que hace mucho que está en el cielo. Me levanté y me fui a estar a solas para orar. Había estado leyendo uno de los pasajes más áridos de todas las Escrituras: cuando Israel salió de Egipto y Dios los dispuso en un campamento con forma de rombo. Puso a Leví en el centro, a Rubén en la vanguardia y a Benjamín en la retaguardia. Era una ciudad móvil en forma de rombo, en cuyo centro había una lengua de fuego que la iluminaba. De repente lo entendí: ¡Dios es un geómetra, es un artista! Cuando planificó aquella ciudad lo hizo con mucha habilidad, dándole forma romboidal y poniendo una luz en medio, y de repente se me vino encima un pensamiento, como si fuera una ola del mar: ¡Qué hermoso es Dios, qué artista, poeta, músico!, y adoré a Dios allí, bajo aquel árbol, por ser quien era. Desde entonces empezaron a gustarme los viejos himnos, y desde aquel momento me han gustado mucho.

Mi deuda con Dios es ya tan grande que si viviera un millón de milenios no podría pagarle lo que ha hecho por mí.

Después viene la *adoración*, el amar a Dios con todo lo que tenemos dentro. Amar a Dios con temor, asombro y anhelo, con reverencia. Anhelar a Dios con todas las fuerzas, y amarle hasta el punto en que es tan doloroso como hermoso. En ocasiones eso nos conducirá al silencio sobrecogido. Creo que algunas de las mejores oraciones son aquellas en las que no decimos una sola palabra ni pedimos nada. Ahora bien, Dios responde y nos da lo que pedimos. Esto está claro; nadie podría negarlo a menos que niegue las Escrituras. Pero este es solo un aspecto de la oración, y ni siquiera el más importante. A veces me acerco a Dios y digo: "Dios, aunque no me respondas a una sola oración más mientras esté en este mundo, te adoraré mientras viva y en las eras venideras por todo lo que ya has hecho". Mi deuda con Dios es ya tan grande que si viviera un millón de milenios no podría pagarle lo que ha hecho por mí.

Acudimos a Dios como cuando enviamos a un muchacho a un supermercado con una larga lista escrita: "Dios, dame esto, dame esto y dame eso", y a menudo nuestro Dios, lleno de gracia, nos concede lo que queremos. Pero creo que a Dios le decepciona que le convirtamos en una simple fuente de lo que queremos. Incluso a nuestro Señor Jesús lo presentan a veces como "Aquel que satisfará tus necesidades". Esta es la esencia de la evangelización moderna. Tú necesitas algo y Jesús satisfará esa necesidad. Es quien hace favores. Bueno, sí es cierto que lo es, pero, ¡ah!, es infinitamente mucho más que eso.

Ahora bien, adoras cuando están presentes los factores intelectual, emocional y espiritual de los que te he hablado y, tal como he admitido, en diversos grados de intensidad, en cánticos, alabanzas, oración y oración mental. ¿Sabes lo que es la oración mental? Con esto quiero decir: ¿sabes lo que es orar sin cesar? El viejo Hermano Lorenzo, que escribió *La práctica de la presencia de Dios,* dijo: "Si lavo los platos lo hago para la gloria de Dios, y si recojo una pajita del suelo lo hago para la gloria de Dios. Estoy en comunión con Dios en todo momento". También dijo: "Las reglas me dicen que tengo que buscar un tiempo para estar a solas y orar, y lo hago, pero esos momentos no difieren de mi comunión habitual". Había aprendido el arte de la comunión con Dios, constante e ininterrumpida.

Temo al pastor que sube al púlpito siendo una persona distinta a la que era antes. Reverendo, nunca debes tener un pensamiento, hacer algo o verte en una situación que no pudieras llevar al púlpito contigo sin sentirte avergonzado. Cuando subas al púlpito nunca debes ser un hombre distinto o tener una voz diferente, ni una nueva apariencia de solemnidad. Debes ponerte ante él con el mismo espíritu y la misma sensación de reverencia que tenías justo antes, cuando charlabas con alguien de los asuntos cotidianos de la vida. Moisés descendió del monte para hablar con el pueblo. ¡Ay de la iglesia cuyo pastor *sube* al púlpito! Siempre debe *bajar* al púlpito. Cuentan que Wesley habitaba normalmente con Dios, pero en ocasiones bajaba a hablar con el pueblo. Eso debemos hacer todos. *Amén.*

50

Cristiano, ¿te menosprecias demasiado?

Aguardando la esperanza bienaventurada y la manifestación gloriosa de nuestro gran Dios y Salvador Jesucristo, quien se dio a sí mismo por nosotros para redimirnos de toda iniquidad y purificar para sí un pueblo propio, celoso de buenas obras.

Tito 2:13-14

El pueblo de Dios, los cristianos que viven entre los dos acontecimientos trascendentales que son la encarnación de Cristo y su Segunda Venida prometida, ¡no viven en un vacío!

Es increíble que algunos sectores de la iglesia cristiana que niegan la posibilidad del regreso inminente del Señor Jesús acusen a quienes creen en su pronta venida de estar sentados sin hacer nada, observando el cielo y esperando sin más a que llegue lo mejor.

Nada puede estar más lejos de la verdad. Vivimos en un ínterin entre sus dos venidas al mundo, pero no vivimos en un vacío. Tenemos mucho que hacer, ¡y poco tiempo para hacerlo!

Abre tu mente y plantéate algunos hechos muy evidentes de nuestros días.

¿Quiénes son los cristianos que lo dejan todo para ir a trabajar como misioneros por todo el mundo? ¿Quiénes son los cristianos que se quedan en sus casas y se sacrifican para respaldar el gran movimiento de evangelización cristiana en todo el planeta? Son las personas que creen fervientemente que el Señor viene.

¿Qué tipo de iglesias son las que se ocupan de la oración, la enseñanza y las ofrendas, preparando a los jóvenes para el ministerio y para la obra misionera? ¡Las iglesias que responden al llamado de Cristo de "negociad entre tanto que vengo" (Lc. 19:13)!

Bien, pues, en ese pasaje, Tito nos proporciona una doctrina cristiana que tiene validez tanto a la luz del regreso esperado de Jesucristo como frente a la muerte.

Tenemos por escrito que cuando en Inglaterra se produjo la persecución de los primeros metodistas, sometidos a todo tipo de pruebas, John Wesley pudo decir: "¡Nuestra gente sabe morir bien!".

En una época más reciente, he leído lo que dijo un obispo denominacional que calculaba que solo en torno al diez por ciento de los hombres y mujeres que formaban parte de su iglesia estaban preparados y espiritualmente listos para morir cuando les llegase la hora.

Creo que solo es posible morir bien cuando se ha vivido bien, desde el punto de vista espiritual. Esta doctrina de la vida cristiana y la vitalidad espiritual del creyente tal como la expone Tito tiene una validez absoluta frente a cualquier contingencia que nos aguarde.

Recuerda siempre que nuestro Señor Jesucristo tuvo muy buen concepto de ti, lo bastante como para entregarse por ti a la muerte y al sacrificio.

Tito identifica rápidamente a Jesucristo como el Salvador "quien se dio a sí mismo por nosotros" (2:14), y pronto descubrimos el valor de un objeto por el precio que la gente está dispuesta a pagar por él. Quizá deba precisar un poco más: a lo mejor no descubres el verdadero valor, porque opino que un diamante o cualquier otra joya no tiene ningún valor intrínseco.

A lo mejor recuerdas la anécdota del gallo que estaba escarbando por el corral en busca de granos de maíz. De repente desenterró una perla que tenía un valor altísimo, y que alguien había perdido unos años antes, pero la apartó a un lado y siguió buscando maíz. La perla no tenía valor para el gallo, aunque sí lo tenía para aquellos que le habían puesto precio.

En el mundo hay diversos tipos de mercados, y lo que no tiene valor para una persona desinteresada puede ser valiosísimo para la persona que lo desea y que lo adquiere.

En este sentido, por lo tanto, descubrimos lo mucho que nos ama Cristo y cuán preciosos somos para Él, mediante lo que estuvo dispuesto a dar por nosotros.

Creo que muchos cristianos se sienten tentados a menospreciarse demasiado. No estoy hablando en contra de la verdadera humildad, pero el consejo que te doy es el siguiente: ten un concepto de ti mismo tan bajo como quieras, pero recuerda siempre que nuestro Señor Jesucristo tuvo muy buen concepto de ti, lo bastante como para entregarse por ti a la muerte y al sacrificio.

Si el diablo se te acerca y te susurra que no vales nada, no discutas con él. De hecho, incluso puedes admitir que tiene razón, pero luego recuérdale lo siguiente: "Independientemente de lo que digas de mí, debo decirte lo que opina de mí el Señor. Me dice que para Él soy tan valioso ¡que se entregó por mí en la cruz!".

De modo que el valor lo determina el precio que se paga y, en nuestro caso, ¡el precio que se pagó fue nuestro propio Señor!

El objetivo que tenía en mente el Salvador era el de redimirnos de toda iniquidad, es decir, del poder y de las consecuencias de la iniquidad.

A menudo cantamos las palabras de un himno de Augustus

M. Toplady, en el que describe la muerte de nuestro Señor Jesús como "la cura doble" para el pecado. Creo que mucha gente canta este himno sin darse cuenta de a qué se refería Toplady con estas palabras.

"Sé del pecado la cura doble, líbrame de la ira y purifícame". La ira de Dios contra el pecado y el poder que este tiene en la vida del ser humano; estas dos cosas exigen una cura. Por consiguiente, cuando se entregó a sí mismo por nosotros, nos redimió con una cura doble, librándonos de las consecuencias del pecado y también del poder que este ejerce en nuestras vidas.

Y aquí Tito, en esta gran condensación de una verdad espiritual, nos recuerda que el Cristo redentor lleva a cabo una obra purificadora en el pueblo de Dios.

Estarás de acuerdo conmigo en que una de las enfermedades profundas y más extendidas del mundo y de la sociedad actuales es la impureza, que se manifiesta en docenas de síntomas. Tendemos a contemplar determinados actos lascivos e indecentes como impurezas que plagan la vida y la sociedad humanas; pero la verdadera lujuria, las maquinaciones, los planes malignos proceden de una fuente de impureza mucho más profunda, que se encuentra en las mentes y en la parte más íntima del ser de los hombres y mujeres pecadores.

Si fuéramos personas de manos y de corazones limpios, procuraríamos hacer siempre las cosas que agradan a Dios. La impureza no solo es un acto malo; la impureza es el estado de mente, de corazón y de alma que se opone directamente a la pureza y a la santidad.

Los pecados sexuales son un síntoma de la enfermedad de la impureza... pero también lo es el odio. El orgullo y el egoísmo, el resentimiento y el mal humor surgen a la superficie procedentes de mentes y corazones impuros, igual que la gula, la pereza y la falta de moderación. Todas estas cosas, e incontables otras, salen a la superficie como síntomas externos de la enfermedad profunda e interna del egocentrismo y el pecado.

La impureza no solo es un acto malo; la impureza es el estado de mente, de corazón y de alma que se opone directamente a la pureza y a la santidad.

Dado que esta es una realidad en la vida y en la experiencia, la obra espiritual de Jesucristo consiste en purificar a su pueblo mediante su propia sangre para librarlo de esta enfermedad tan arraigada en sus vidas. Por eso se le llama el Gran Médico, porque es capaz de sanarnos de esta plaga de impureza y de iniquidad, redimiéndonos de las consecuencias de nuestros pecados y purificándonos de la presencia de estos.

Ahora bien, hermanos, si esto no es cierto y practicable en la vida y en la experiencia humanas, entonces el cristianismo es el fraude más barato de todos los tiempos. O bien es una opción verdadera y confiable, o mejor cerramos la Biblia y la amontonamos con otros clásicos de la literatura que no tienen ninguna validez particular frente a la muerte.

Gracias a Dios hay millones que se atreven a ponerse en pie, como un gran coro, y gritar conmigo: "¡Es cierto! ¡Se entregó a sí mismo para redimirnos de toda iniquidad, y realiza esta obra purificadora en nuestras vidas día tras día!".

El resultado de la obra purificadora de Cristo es el perfeccionamiento del pueblo de Dios, al que en este pasaje la versión King James denomina "un pueblo peculiar".

Muchos de nosotros sabemos muy bien que la palabra *peculiar* se ha usado a menudo para referirse a una conducta religiosa extraña e irracional. Se sabe que hay personas que han hecho cosas muy raras, y que luego sonrieron avergonzadas y dijeron, como disculpándose a medias: "¡Bueno, es que somos muy peculiares!".

Todo el que respete honestamente la amonestación y la instrucción bíblicas descubrirá rápidamente que en el inglés de 1611 (año de aparición de la Biblia "King James Versión), este término, *peculiar*, describía al pueblo redimido por Dios sin tener connotaciones de extrañeza, ridículo ni necedad.

Esta misma palabra aparece primero en Éxodo 19:5, cuando Dios dijo que Israel será "mi especial tesoro sobre todos los pueblos". Esta era la manera que tenía Dios de subrayar que su pueblo sería para Él un tesoro por encima de cualquier otro. En el sentido etimológico, significa "atesorado para mí como una joya especial".

Toda madre y todo padre amantes entienden bien lo que quiso decir Dios. En cualquier casa de cualquier ciudad hay casas con bebés, y se identifican por las ropitas puestas a tender los días de verano.

Pero en la casa en la que vives hay un bebé especial, que es un tesoro peculiar para ti, por encima de cualquier otro. No quiere decir necesariamente que sea el más guapo, pero sí que es un tesoro por encima de cualquier otro, y que no le cambiarías por ningún otro niño o niña del mundo. ¡Es un tesoro *especial*!

Esto nos da cierta idea, al menos, de lo que somos: ¡las joyas especiales de Dios guardadas solo para Él!

Luego Tito indica algo que siempre caracterizará a los hijos de Dios: el hecho de que tienen celo de buenas obras.

Tito y todos los otros escritores que tuvieron parte en la revelación de Dios en las Escrituras están de acuerdo sobre esto: nuestro Señor nunca dispuso que ninguno de sus seguidores fuera un "cristiano de sillón". El cristianismo "de torre de marfil", una especie de creencia abstracta, compuesta solamente de pensamientos agradables y hermosos, no es en absoluto lo que enseñó Jesús.

El lenguaje utilizado en este pasaje es claro: los hijos de Dios en Jesucristo, redimidos por su entrega en la cruz, purificados y hechos como joyas especiales para Él, un pueblo peculiar, se caracterizan por una cosa: su anhelo de buenas obras.

Se nos dice que por medio de la gracia de Dios estos seguidores de Jesucristo desean hacer buenas obras, y en medio de sus experiencias cotidianas viven "buscando". ¡El cristiano debe vivir siempre dominado por una expectación gozosa de la bendita esperanza y la gloriosa aparición del gran Dios y nuestro Salvador Jesucristo!

El cristianismo "de torre de marfil", compuesto solamente de pensamientos agradables y hermosos, no es en absoluto lo que enseñó Jesús.

Ahora bien, en la teología cristiana hay algo que quiero compartir contigo. Algunas personas dicen que no estudian la teología porque no saben griego ni hebreo. No puedo creer que haya algún cristiano que sea tan humilde que insista en que no sabe nada de teología.

La teología es el estudio de Dios, y contamos con un libro de texto maravilloso; de hecho, son sesenta y seis libros en uno. Lo llamamos la Biblia. La idea que quiero dejar es esta: por medio del estudio y de la experiencia he descubierto que cuanto más vital e importante sea una verdad teológica o doctrinal, más se esforzará el diablo para rechazarla y generar controversias sobre ella.

Por ejemplo, pensemos en la deidad de Jesús.

Cada vez son más las personas que discuten y debaten sobre esta verdad, que es absolutamente vital y fundamental.

El diablo es lo bastante listo como para no desperdiciar sus ataques en áreas menores y no esenciales de la verdad y de la enseñanza cristianas.

El diablo no le causará problemas a un predicador que le tenga mucho miedo a su congregación y se preocupe por su cargo hasta el punto de que, tras predicar durante treinta minutos, la esencia de su mensaje es: "¡Sean buenos y se sentirán mejor!".

Puedes ser todo lo bueno que quieras y, aun así, si no has

puesto tu confianza en Jesucristo, ¡ir al infierno! El diablo no perderá el tiempo buscándole problemas al predicador cuyo único mensaje es "¡Sean buenos!".

Pero el creyente cristiano vive en una anticipación gozosa del regreso de Jesucristo, y esta es una parte tan importante de la verdad que el diablo siempre ha estado atacándola y ridiculizándola. Uno de sus grandes éxitos consiste en hacer que la gente discuta y se pelee por el tema de la Segunda Venida, en vez de anticiparla y esperarla.

Supongamos que un hombre ha pasado dos o tres años lejos de su país y de su familia. De repente, a la familia le llega un telegrama que dice: "Mi trabajo aquí ha concluido. Hoy estaré en casa".

Al cabo de unas horas llega ante la puerta de su casa y encuentra muy agitados a los miembros de su familia. Han discutido muchísimo si llegaría por la mañana o por la tarde; han discutido sobre qué medio de transporte iba a utilizar. Como resultado, no encontró naricillas pegadas al cristal de la ventana, nadie que se esforzase por ser el primero en ver aparecer a papá.

La teología es el estudio de Dios, y contamos con un libro de texto maravilloso... la Biblia.

Puede que me digas: "Esto es solo una ilustración".

Pero ¿cuál es la situación en los diversos segmentos de la comunidad cristiana?

Unos se pelean con otros, se miran mal. Debaten si el Señor vuelve y cómo lo hará, y se dedican afanosos a usar los que consideran pasajes clave sobre la caída de Roma y la identificación del anticristo.

Hermanos, esta es la obra del diablo: hacer que los cristianos discutan por los detalles de la venida del Señor, de modo que se olviden de lo más importante de todo. ¡Cuántos son los cristianos que están tan confusos y perplejos por las discusiones que han olvidado que el Salvador ha purificado para sí mismo un pueblo especial, esperando que vivamos sobria, justa y santamente, esperando la aparición gloriosa del gran Dios y Salvador!

Esto es la epifanía, que es una expresión de la iglesia cristiana que se usa en referencia a la manifestación de Cristo en el mundo.

En 1 Timoteo y 2 Timoteo se usa en dos sentidos.

Primero, en 2 Timoteo 1:8-10 Pablo dice: "...Dios, quien nos salvó y llamó con llamamiento santo, no conforme a nuestras obras, sino según el propósito suyo y la gracia que nos fue dada en Cristo Jesús antes de los tiempos de los siglos, pero que ahora ha sido manifestada por la aparición de nuestro Salvador Jesucristo, el cual quitó la muerte y sacó a luz la vida y la inmortalidad por el evangelio".

En este pasaje hallamos una referencia a su primera venida, la luz que nos inundó cuando vino a este mundo para destruir la muerte mediante su muerte y su resurrección.

Entonces, el apóstol, en una de esas conmovedoras y maravillosas doxologías, dice en 1 Timoteo 6:13-14: "Te mando delante de Dios, que da vida a todas las cosas, y de Jesucristo, que dio testimonio de la buena profesión delante de Poncio Pilato, que guardes el mandamiento sin mácula ni reprensión, hasta la aparición de nuestro Señor Jesucristo".

Pablo habla de la segunda aparición, cuando se mostrará Cristo, "el bienaventurado y solo Soberano, Rey de reyes, y Señor de señores, el único que tiene inmortalidad, que habita en luz inaccesible; a quien ninguno de los hombres ha visto ni puede ver, al cual sea la honra y el imperio sempiterno. Amén" (vv. 15-16).

Cuando leo algo así, que nos ha dado el apóstol Pablo, me hace pensar en una alondra que se sube a una rama y estalla en un cántico inesperado pero increíblemente melódico. A menudo

Pablo, en mitad de sus epístolas, se dedica a elevar una de estas alabanzas maravillosas y estimulantes dedicadas a Jesucristo, y este es uno de esos casos.

Aquí Pablo recuerda a los creyentes que cuando Jesucristo vuelva a aparecer, se manifestará en toda su gloria sin dejar lugar a dudas sobre la Persona del Rey de reyes y el Señor de señores.

Pablo también se preocupó por tranquilizar a los que estaban en la iglesia primitiva, y que temían que morirían antes de la segunda venida de Jesús. En realidad, en la iglesia de Tesalónica había creyentes que estaban preocupados por dos cosas: la primera era que pensaban que el Señor ya había vuelto, y que ellos habían quedado atrás. La segunda era su creencia de que morirían antes de que Él volviese, y que, debido a la muerte, se perderían el gozo de su aparición.

De modo que Pablo escribió las dos epístolas a la iglesia de Tesalónica para revelarles la verdad sobre la segunda aparición de Cristo.

"Porque si creemos que Jesús murió y resucitó, así también traerá Dios con Jesús a los que durmieron en él" (1 Ts. 4:14); es decir, que si mueres y vas a estar con el Señor, Él te traerá consigo cuando vuelva al mundo. "Por lo cual os decimos esto en palabra del Señor: que nosotros que vivimos, que habremos quedado hasta la venida del Señor, no precederemos a los que durmieron. Porque el Señor mismo con voz de mando, con voz de arcángel, y con trompeta de Dios, descenderá del cielo; y los muertos en Cristo resucitarán primero. Luego nosotros los que vivimos, los que hayamos quedado, seremos arrebatados juntamente con ellos en las nubes para recibir al Señor en el aire, y así estaremos siempre con el Señor. Por tanto, alentaos los unos a los otros con estas palabras" (4:15-18).

Como ves, la inspirada explicación de Pablo nos enseña que quienes mueran antes de la venida de Jesús no están en desventaja. Por el contrario, están en una posición ventajosa, porque, antes de que el Señor glorifique a los santos que le esperan en todo el mundo, resucitará con cuerpos glorificados a la gran compañía de creyentes que la muerte ha alejado de nosotros a lo largo de los siglos.

Hermanos, esto es claramente lo que nos dice el apóstol Pablo en las instrucciones que dio originariamente a los cristianos tesalonicenses.

¿No tenemos derecho a pensar que es muy extraño que la mayoría de los púlpitos cristianos guarde silencio absoluto sobre esta verdad gloriosa del regreso inminente de Jesucristo? Resulta paradójico que se produzca semejante silencio en las iglesias cristianas justo en el momento en que el peligro de ser arrebatados de la faz de la tierra es mayor de lo que lo ha sido jamás.

Rusia y Estados Unidos, las dos grandes potencias nucleares, siguen evaluando su capacidad de destruir, a la que se refieren con el término *overkill* (el empleo de una fuerza nuclear mayor de la necesaria). Este término compuesto es terrible, y nunca antes se había usado en toda la historia del idioma inglés. Los científicos tenían que expresar de alguna manera la capacidad de destrucción casi increíble de las bombas nucleares en nuestro arsenal, de modo que la palabra *overkill* ("matar en exceso") es una invención de nuestros tiempos.

Tanto Rusia como Estados Unidos han hecho declaraciones sobre la potencia de sus arsenales nucleares, capaz de matar a todos los hombres, mujeres y niños de este mundo, y no una sola vez, sino veinte veces. ¡Esto es destrucción excesiva!

¿No es propio del viejo enemigo, Satanás, convencer a los santos del Cuerpo de Cristo de que se enreden en amargas discusiones sobre el arrebatamiento posterior o anterior; sobre el posmileniarismo, el amileniarismo y el premileniarismo, justo en el momento en que el *overkill* se cierne sobre nosotros como una nube negra y amenazante?

Hermanos, este es el tipo de época y de hora en que el pueblo de Dios debería estar tan alerta a la esperanza y a la promesa de su venida, que cada mañana tendrían que levantarse como lo hacen los niños la mañana de Navidad: ¡emocionados y creyendo que debería ser hoy!

En lugar de este tipo de expectación, ¿qué encontramos hoy en su iglesia? Argumentos a favor y en contra de su venida, sobre los detalles del arrebatamiento, algunos de los cuales llegan al enfrentamiento amargo. Por otro lado, encontramos a amplios sectores de cristianos que parecen vivir alegremente ignorantes de todo este asunto del regreso de Jesucristo.

Muy pocos predicadores se molestan en centrar sus sermones en el libro de Apocalipsis; ¡y esto pasa también en grandes sectores del movimiento evangélico y del fundamentalismo! Nos han intimidado el cinismo y la sofisticación de nuestros tiempos.

En la sociedad y en las filas de cristianos profesos hay tantas anomalías y contradicciones aparentes que sin duda alguien escribirá un libro sobre ellas.

Está la anomalía que dice que es necesario que nos conozcamos mejor unos a otros para amarnos y comprendernos mejor. Hay millones de personas que viajan y se reúnen con otros millones para conocerles, de modo que, si la premisa es cierta, todos deberíamos amarnos unos a otros como una gran familia bendecida.

En lugar de eso, nos odiamos unos a otros como el diablo. Es un hecho que por todo el mundo las naciones se aborrecen unas a otras a una escala increíble, que supera todos los límites.

Mencionaré otra contradicción que es muy evidente. Nuestros educadores y sociólogos nos dijeron que lo único que teníamos que hacer era permitir que se enseñara educación sexual en las escuelas, y que así desaparecerían todos los problemas sexuales que aquejaban a nuestra sociedad.

¿No es extraño y anómalo que la generación que ha enseñado y trazado más aspectos de las prácticas sexuales que las veinticinco generaciones anteriores juntas, es la generación más podrida y pervertida por lo que respecta a su conducta sexual?

¿Y no es curioso también que precisamente la generación que vive a la expectativa de que los desintegre una cadena de explosiones nucleares excesivas es la generación que tiene miedo de hablar de la venida del Señor y no está dispuesta a analizar las promesas de su gracia, que hablan de liberación y de glorificación?

El Señor nos ha dado mucho que hacer y nos pide que le seamos fieles.

Puede que no esperes que diga esto, pero lo haré: ¡qué gente más rara somos! ¡Qué generación más extraña es la nuestra!

Dios ha dicho que valoraría mucho la coherencia santa y espiritual de los santos cristianos, pero ¡qué incoherentes somos cuando permitimos que el demonio y nuestra propia carnalidad nos confundan y nos engañen de modo que nos alejamos de la paciente espera de la venida del Señor!

Por lo tanto, vivimos entre dos sucesos imponentes: el de su encarnación, muerte y resurrección, y el de su aparición última y la glorificación de aquellos por cuya salvación Él murió. Esta es una época intermedia para los santos... pero no es un vacío. El Señor nos ha dado mucho que hacer y nos pide que le seamos fieles.

Entre tanto, tenemos celo de buenas obras, vivimos sobria, justa, piadosamente en medio de este mundo presente, contemplándolo a Él y su promesa. En medio de nuestras vidas, y entre esas dos cumbres que son los actos de Dios en el mundo, miramos atrás y recordamos, ¡y miramos adelante y esperamos! Como miembros de su propia comunión de amor, partimos el pan y tomamos del vino. Cantamos sus alabanzas, y oramos en su nombre, ¡recordando y esperando!

Hermanos, esto me conmueve más que nada en el mundo. Es un privilegio tan bendito que es más hermoso y satisfactorio que las amistades, las pinturas, las puestas de sol u otros preciosos fenómenos naturales. Mirar atrás a su gracia y su amor; mirar al futuro, a su venida y su gloria; todo ello obrando activamente y teniendo una esperanza gozosa, ¡hasta que Él vuelva!

51

Los milagros van tras el arado

Haced para vosotros barbecho; porque es el tiempo de buscar a Jehová, hasta que venga y os enseñe justicia.

Oseas 10:12b

Hay dos tipos de tierra: la que está en barbecho y aquella que ha sido roturada por el arado.

La tierra en barbecho está tranquila, satisfecha, protegida del impacto del arado y de la agitación de la grada. Ese campo, intacto año tras año, se convierte en un punto de referencia conocido para el cuervo y la urraca azul. Si estuviera dotado de inteligencia, estaría orgulloso de su reputación; tiene estabilidad; la naturaleza lo ha adoptado; se puede esperar que seguirá siempre igual mientras los campos que lo rodean cambian del marrón al verde y luego otra vez al pardo. Seguro y no perturbado, se extiende perezosamente bajo la luz del sol, la imagen del contentamiento soñoliento. Pero paga un precio altísimo por su tranquilidad: nunca experimenta el milagro del crecimiento; nunca siente el movimiento de la vida incipiente ni ve la maravilla de la semilla que brota ni la belleza del grano que madura. Nunca conoce fruto alguno, porque tiene miedo del arado y de la grada.

Como oposición directa a este, el campo cultivado se ha entregado a la aventura de la vida. La valla de protección se ha abierto para admitir el arado, y este ha hecho lo que hacen todos los arados: ha sido práctico, cruel, directo y veloz. Los gritos del granjero y el ruido de la maquinaria han destruido la paz. El campo ha experimentado la prueba del cambio; lo han alterado, expuesto, herido y roto, pero sus esfuerzos han dado su recompensa. La semilla proyecta a la luz del sol el milagro de la vida, curiosa, explorando el mundo nuevo que se abre por encima de ella. Por todo el campo la mano de Dios actúa al servicio ancestral y siempre renovado de la creación. Las cosas nuevas nacen, crecen, maduran y consuman la gran profecía latente en la semilla cuando penetró en la tierra. Las maravillas de la naturaleza van tras el arado.

La única manera que tiene una iglesia de acceder al poder es salir de su escondite y seguir el sendero de la obediencia, rodeado de peligros.

También hay dos tipos de vida: la que está en barbecho y la cultivada. Para hallar ejemplos de la primera no tenemos que ir muy lejos. Son demasiado evidentes entre nosotros.

El hombre en barbecho está satisfecho de sí mismo y del fruto que dio en otro tiempo. No quiere que le molesten. Sonríe con actitud de superioridad tolerante en los avivamientos, ayunos, autoexámenes y todos los intentos de dar fruto, e ignora la angustia que produce seguir avanzando. El espíritu aventurero ya ha muerto en su interior. Es constante, "fiel", siempre está en su sitio habitual (como el campo viejo), es conservador y constituye una especie de punto de referencia en la iglesia pequeña. Pero no da fruto. La maldición de semejante vida es que está fija, tanto en su tamaño como en su contenido. *Ser* ha tomado el lugar de *convertirse en algo*. Lo peor que se puede decir de esa persona es que *es* lo que *será*. Se ha atrincherado, y mediante ese mismo acto ha dejado fuera a Dios y los milagros.

La vida arada es la vida que, mediante el acto de arrepentimiento, ha derribado las vallas protectoras y ha traído al alma el arado de la confesión. El estímulo del Espíritu, la presión de las circunstancias y la angustia de la vida estéril se han combinado a fondo para humillar el corazón. Esta vida ha apartado las defensas y ha renunciado a la seguridad de la muerte por el peligro de la vida. El descontento, el anhelo, la contrición, la obediencia valiente a la voluntad de Dios: tales cosas han magullado y partido la tierra hasta que está lista para recibir la semilla. Y como siempre, el fruto viene después del arado. La vida y el crecimiento empiezan cuando Dios "hace llover su justicia". Semejante persona puede testificar diciendo: "Y la mano del Señor estuvo sobre mí en ese lugar".

Correspondiéndose con estos dos tipos de vida, la historia religiosa muestra dos fases: la dinámica y la estática.

Los períodos dinámicos fueron esos momentos heroicos en los que el pueblo de Dios se estimuló para hacer la voluntad del Señor y salió sin temor para serle testigos en el mundo. Cambiaron la seguridad de la inactividad por los peligros del progreso que inspiraba Dios. Invariablemente, tras cada uno de esos actos se liberó el poder de Dios. El milagro de Dios avanzaba cuando y donde iba su pueblo; se paraba cuando lo hacía el pueblo.

Los períodos estáticos eran esas épocas en las que el pueblo de Dios se cansaba del combate y buscaba una vida de paz y de seguridad. Luego se centraban en conservar los bienes obtenidos en aquellas épocas más osadas en las que el poder de Dios se movió entre ellos.

La historia bíblica está repleta de ejemplos. Abraham "salió" en su gran aventura de fe, y Dios fue con él. El resultado fueron revelaciones, teofanías, el regalo de Palestina, pactos y promesas de ricas bendiciones. Entonces Israel descendió a Egipto, y las maravillas cesaron durante cuatrocientos años. Al final de ese tiempo, Moisés escuchó el llamado de Dios y se adelantó para desafiar al opresor. Ese reto fue acompañado de un torbellino de poder, e Israel pronto empezó a marchar. Mientras tuvo el valor de avanzar, Dios envió sus milagros para abrirles camino. Siempre que se quedaba quieta como un campo en barbecho, Dios apartaba su bendición y esperaba que el pueblo volviera a levantarse y solicitara su poder.

Este es un esbozo, breve pero preciso, de la historia de Israel y también de la de la Iglesia. Mientras "salían", el Señor trabajó con ellos, "confirmando la palabra con las señales que la seguían" (Mr. 16:20). Pero cuando se retiraron a los monasterios o jugaron a levantar hermosas catedrales, Dios apartó su ayuda hasta que surgió un Lutero o un Wesley para volver a retar al infierno. Entonces, invariablemente, Dios derramó su poder como antes.

Esta ley funciona en toda denominación, sociedad misionera, iglesia local o cristiano individual. Dios obra siempre y cuando su pueblo *viva con osadía.* Deja de hacerlo cuando ya no necesitan su ayuda. En cuanto buscamos protección fuera de Dios, la encontramos para nuestro propio perjuicio. Levantemos una barrera de seguridad de provisiones, estatutos empresariales, prestigio, multiplicidad de agencias para delegar nuestros deberes, y de inmediato nos invade una parálisis que siempre va a más, y que solo puede terminar con la muerte.

El poder de Dios solo desciende cuando el arado lo reclama. Se libera en la iglesia solo cuando esta hace algo que lo justifica. Con el verbo "hacer" no me refiero a una mera actividad. La iglesia tiene ya muchas "dinámicas" tal como está, pero en todas las actividades tiene mucho cuidado en dejar tal como está su campo en barbecho. Tiene la precaución de confinar sus actividades a los límites impuestos por el miedo, los de la seguridad total. Por eso no da fruto; está segura, pero es improductiva.

Echemos una mirada alrededor de nosotros y veamos dónde tienen lugar los milagros del poder. Nunca en el seminario, donde se prepara cada pensamiento que recibe el alumno, para que este lo reciba sin sufrimiento y de segunda mano; nunca en la institución religiosa, donde la tradición y el hábito hace mucho tiempo que hicieron innecesaria la fe; nunca en la vieja iglesia donde las placas conmemorativas colgadas de las paredes recuerdan como testigos silenciosos una gloria que ya no está. Invariablemente encontramos a Dios enviando "ayuda desde el santuario" a esos lugares donde la fe valiente lucha por avanzar en contra de todas las posibilidades.

La iglesia que teme el arado escribe su propio epitafio. La iglesia que usa el arado camina por la vía del avivamiento.

He visto que en una sociedad misionera con la que he estado asociado hace muchos años el poder de Dios siempre se ha cernido sobre nuestras fronteras. Nuestros progresos han ido acompañados de milagros, que han cesado cuando y donde nos hemos permitido sentirnos satisfechos y hemos dejado de avanzar. El credo del poder no puede librar de la esterilidad a un movimiento. También tiene que haber una obra de poder. Pero me preocupa más el efecto que tiene esta verdad sobre la iglesia local y sobre el individuo. Fíjate en esa iglesia en la que antes el fruto abundante era lo habitual, lo esperado, pero ahora hay poco o ningún fruto, y el poder de Dios parece que se ha aletargado. ¿Cuál es el problema? Dios no ha cambiado, ni tampoco se ha alterado en lo más mínimo su propósito para esa iglesia. No, lo que ha cambiado ha sido la propia iglesia.

Un ligero autoexamen nos revelará que la iglesia, y todos sus miembros, se han quedado en barbecho. La iglesia ha superado sus primeras pruebas y ahora ha llegado a aceptar una forma de vida más fácil. Se contenta con seguir adelante con su programa indoloro, con tener dinero suficiente como para pagar las facturas y una membresía lo bastante grande como para garantizar su continuidad. Ahora sus miembros buscan seguridad antes que guía en la batalla entre el bien y el mal. Se ha convertido en una escuela, dejando de ser un cuartel. Sus miembros son alumnos, no soldados. Estudian las experiencias de otros en lugar de buscar las suyas propias.

La única manera que tiene esa iglesia de acceder al poder es salir de su escondite y, una vez más, seguir el sendero de la obediencia, rodeado de peligros. Su seguridad es su peor enemigo. La iglesia que teme el arado escribe su propio epitafio. La iglesia que usa el arado camina por la vía del avivamiento.

52

EL PATRÓN JAFFRAY

Este es un momento tan bueno como cualquier otro para examinar la filosofía Jaffray de las misiones cristianas. Era una filosofía sencilla basada en principios del Nuevo Testamento y aderezada con sentido común. De ella nació un patrón para su obra, una pauta cuyas directrices se aprecian en todo lo que hizo, desde sus primeros tiempos en el sur de China hasta el final de su vida.

Es muy dudoso que Robert Jaffray se sentara a razonar una política de acción. Su mente no funcionaba así. Iba captando sus ideas mientras avanzaba, como una golondrina que cuando cae la tarde caza el alimento al vuelo. Le guiaban la Biblia y un instinto firme, y pronto la cruda experiencia corrigió los defectos de sus teorías. Sus puntos de vista nunca fueron complejos ni difíciles de entender. Después de todo, la obra misionera era bastante sencilla. Consistía principalmente en hacer cuatro cosas: contactar, evangelizar, organizar e instruir. Eso era todo. Pero para hacer esto tan básico un hombre podía pasarse toda una vida, y su trabajo sería fructífero, porque estas eran las tareas que Cristo había enviado a hacer a sus siervos.

Lo primero era el contacto. No se podía hacer nada hasta haber establecido una vía de comunicación. El misionero debía acudir a las tribus perdidas. Aquel era el principio fundamental de su credo misionero, y para él era una voz autoritaria. Forjó en su mente la inquietud ansiosa que nunca le abandonó, ni un día ni una hora, mientras le quedó vida que vivir. La contemplación de un mapa o el sonido de un nombre pagano y desconocido avivaban el fuego de los días pasados. De modo que Jaffray fue un pionero, un explorador, un aventurero obsesionado por el afán de descubrir nuevos pueblos y tribus ocultas.

La obra misionera consiste principalmente en hacer cuatro cosas: contactar, evangelizar, organizar e instruir.

Este aspecto de la obra misionera es lo que llama la atención de las personas. Todos somos lo bastante niños como para que nos encante la emoción de una aventura misionera de la que disfrutamos de lejos, y Jaffray lo sabía. Como un buen artista, estaba dispuesto a dar al público de su país lo que este quería escuchar. Sus boletines y los artículos de su revista a menudo se leían como auténticos relatos del mundo salvaje, pero nunca los contaba porque sí, ni para distraer a nadie. Jaffray era demasiado serio como para dedicarse a estos juegos infantiles. Si podía llamar la atención mediante informes sinceros de costumbres exóticas y la forma de vida de pueblos desconocidos, no le importaba hacerlo, pero sus motivos siempre estaban claros. Quería ayuda. Quería dinero, mucho dinero, pero sobre todo quería que los jóvenes se apresurasen a ayudarle en su obra. Y esos jóvenes acudieron, con las alas que da la oración y respaldados por la riqueza consagrada de quienes se quedaron en casa.

Después del contacto venía la evangelización. Cristo había dicho a sus discípulos que fueran al mundo a hacer más discípulos. Para Jaffray esto solo significaba una cosa: ganar ahora mismo a los perdidos para Cristo; llevarlos a poner su confianza en Él como su Salvador personal, sin esperar que las influencias civilizadoras o los dilatados cursos de instrucción les condicionasen. Solo tenían que escuchar el evangelio y podrían ser salvos, con tanta seguridad como cualquier hombre blanco.

Esa era la teoría de Jaffray, y su sensatez la confirmaba la práctica de persona a persona. Funcionaba; esa era su gloria. Gracias a esta sencilla técnica, las vidas se transformaban de la noche a la mañana. Los hombres podían pasar (y pasaban) del crudo salvajismo al reino de Dios en un solo paso, y en su mayor parte quienes hacían esta tremenda transición vivían para demostrar que el cambio era real y permanente.

El siguiente paso consistía en organizar a estos nuevos cristianos en una iglesia. Al principio tenía que ser algo sencillo, poco más que una organización flexible, basada en el consentimiento de sus miembros, en la cual se elegían algunos hombres para liderarla y ofrecer cierto rumbo al grupo. Más tarde podía convertirse en una forma más perfecta de organización con un pastor, diáconos y ancianos; pero eso podía esperar, porque el misionero actuaba como el verdadero líder hasta que los nuevos conversos habían recibido la enseñanza necesaria. Puede que las personas de mente eclesial sonrían al leer esto, pero funcionaba, y todavía funciona, y ese hecho no lo borra ninguna sonrisa.

Luego había que enseñar a la nueva iglesia las grandes verdades de la fe cristiana; debía recibir instrucción y doctrina, y para conseguir esto hacían falta dos cosas: la escuela y la imprenta. Estas venían después de la organización y, siempre que Jaffray pudiera conseguirlo, no llegaban mucho más tarde.

Para Jaffray, la imprenta fue lo que para Pablo fueron las epístolas manuscritas, un medio de mantenerse en contacto con sus convertidos a medida que su número aumentaba y las distancias imposibilitaban el contacto personal. Además, la imprenta proporcionaba a los nuevos cristianos lo mejor en literatura espiritual. Normalmente, las prensas de Jaffray publicaban material que había escrito él mismo, destinado a necesidades concretas, pero también editaban libros, folletos, revistas, cursos bíblicos y exposiciones de un libro tras otro de la Biblia, a medida que él las preparaba e iba sintiendo que la gente estaba lista para recibirlas.

Junto a la imprenta contaba con la escuela bíblica como instrumento eficaz de diseminación de la verdad. Jaffray creía en la escuela bíblica con una firmeza que casi era puro dogmatismo. Conocía su poder, y la fomentaba con un celo incansable. Los misioneros extranjeros nunca serían la última palabra en la evangelización de ningún país. La obra mejor y más rápida la harían siempre los cristianos del país al trabajar entre sus paisanos. Pero primero había que enseñar a estos la verdad, y había que prepararlos para que diesen el servicio más efectivo posible. La escuela bíblica podía hacer esto; no había ningún otro agente que lo hiciera. Por lo tanto, cada campo de misión debía contar con una escuela; al menos una, y más si la necesidad lo exigía. Este era el punto de vista de Jaffray, y su sensatez quedó confirmada una vez más en la práctica.

La rapidez con la que se extendió la fe cristiana entre los pueblos que antes la desconocían da testimonio del hecho de que la visión de Jaffray venía de Dios. Nunca permitía que sus seguidores se apiñasen; se esperaba de ellos que se repartieran y estuviesen en movimiento. Insistía tanto en esto que en ocasiones algunos de sus obreros cuestionaron su sabiduría, y unos pocos se atrevieron a oponérsele directamente. Sin embargo, normalmente los acontecimientos le daban la razón, y los dubitativos se veían obligados a reconocer que estaban equivocados.

Cuando se presentó ante un oficial para solicitar permiso para predicar el evangelio en su territorio, este le dijo: "Por supuesto, concentrará usted sus fuerzas...".

"Sin duda", accedió Jaffray de inmediato. Luego, acercándose hasta un gran mapa del país que estaba colgado en la pared, tocó con su dedo un punto tras otro.

"Nos concentraremos aquí, aquí, aquí y aquí".

"¡Vaya! ¿De cuántos misioneros dispone usted?", preguntó el oficial, asombrado.

"De seis", dijo Jaffray, sin sonreír.

Fue esta estrategia de "concentrarse" en todo el mapa lo que dio tanta fuerza a su ministerio evangelístico.

Sin embargo, a pesar de esta tremenda velocidad de expansión, nunca cayó en el error que prevalece hoy en algunos sectores: nunca creyó que el mero hecho de anunciar el evangelio y seguir adelante era hacer la obra del Señor. Nunca dejaba que los nuevos cristianos recayesen en el paganismo. Siempre que se convertían algunas personas era necesario formar una iglesia; había que consolidar los resultados. Entonces se podría ir el mensajero, pero no hasta ese momento. Esto era sabio, y era el procedimiento expuesto en el Nuevo Testamento. Podría funcionar como pauta para las sociedades misioneras de todo el mundo.

La idea de que solo tenemos que anunciar el evangelio una sola vez a cada tribu y luego pasar a la siguiente, sin tener en cuenta los resultados, es tan vieja como falsa. A pesar de que es la filosofía que encontramos en buena parte de los proyectos misioneros actuales, es una falsa herejía de método, basada en una mala lectura de las directrices. Es interesante saber que Wesley y sus metodistas tuvieron que enfrentarse a esto durante sus primeras actividades misioneras, y resulta instructivo saber cómo lo hicieron.

En una sección de la antigua Disciplina Metodista publicada en 1848, y que revela (diría yo) lo que pensaba el propio Wesley en otros tiempos, bajo el encabezado "Pautas por las que deberíamos seguir predicando, o desistir de ello, en algún lugar", se formula esta pregunta: "¿Es aconsejable que prediquemos en todos los lugares que nos sea posible sin formar ninguna congregación?". La respuesta es enfática: "Por supuesto que no. Hemos abierto camino en diversos lugares, y durante bastante tiempo. Pero toda la semilla cayó al borde del camino. Apenas queda fruto en ellos".

Jaffray procedía de los presbiterianos, y no es probable que prestase mucha atención a las formas de actuar de los primeros metodistas, pero gracias a los ardientes fuegos de la experiencia aprendió las mismas lecciones que ellos habían aprendido antes que él, y llegó a las mismas conclusiones. Puede que esta no sea la última palabra que podamos decir sobre el tema, pero el misionero sabio escuchará con respeto a sus maestros. Estos aportan para respaldar su filosofía el argumento indiscutible de sus éxitos evidentes.

A. W. Tozer dijo: "El peligro se acerca a la vida cristiana desde tres frentes: el mundo en el que vivimos, el dios de este mundo y nuestra carne corrompida". Tozer centra la atención en esos pocos creyentes que prestarán atención al llamado a despertarse en medio de la gran tentación al mal que nos rodea y confiarán en que Dios siempre obra cuando hay uno o dos que escuchan su voz y se niegan a cansarse en su búsqueda de Él.

Para Tozer, el Evangelio de Juan fue su libro de la Biblia favorito, y el enfoque de estos escritos (adaptados de sermones que predicó a sus feligreses) es la encarnación y su significado en la vida de los creyentes. Ningún otro escritor del Nuevo Testamento, ni siquiera el apóstol Pablo, presenta a Cristo con una pasión igual a la de Juan, a quien Jesús le llamó el Amado. Tozer desafía a los lectores a descubrir un deseo fresco e incontenible por Él.

A. W. Tozer, uno de los más profundos pensadores y pastores de la iglesia del siglo XX, creía que la lectura de la Biblia no era suficiente: la Palabra tenía que hacerse realidad en la vida del cristiano. No basta con leer las Escrituras y tratar de obedecer sus mandatos; antes bien, para vivir en el poder de la Palabra es necesaria una transformación llevada a cabo por el Espíritu que hace que la Palabra se incorpore en la vida del creyente.

En *El poder de Dios para tu vida*, una obra nunca antes publicada, Tozer enseña a los lectores cómo permitir que el Espíritu Santo les transforme mediante el estudio de la Palabra de Dios.

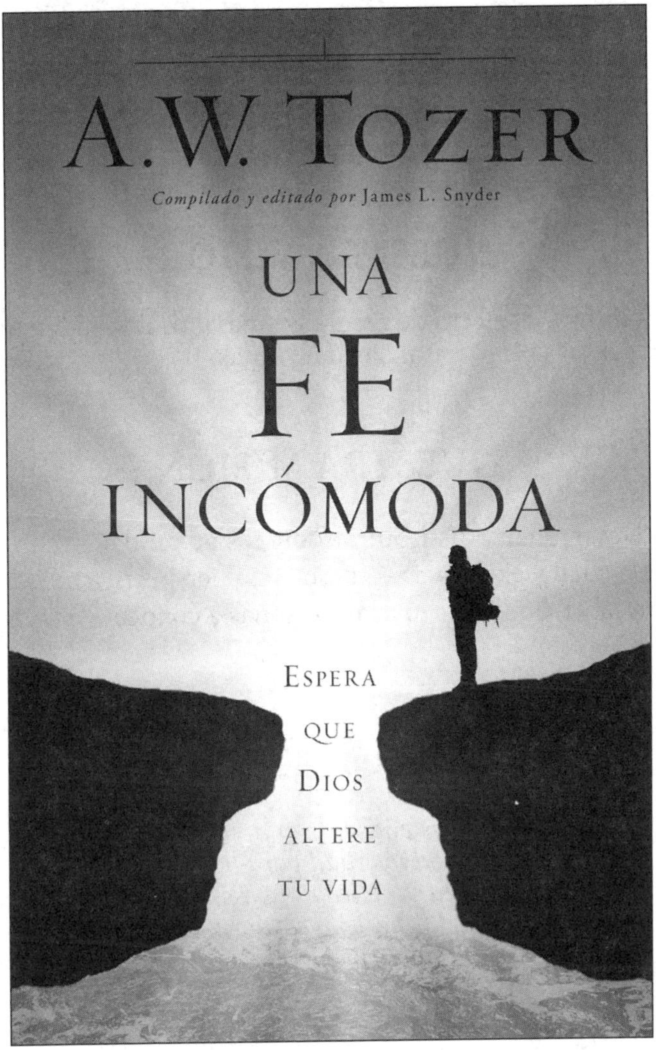

La palabra fe es de uso frecuente en estos días, pero poner nuestra fe en Dios es una decisión de peso, sorprendentemente cargada de consecuencias y, por diseño divino, inconveniencias. En las páginas de este libro, A. W. Tozer insiste en que la fe genuina genera insatisfacción con esta vida, al apartarnos de nuestra dependencia de las cosas terrenales y prepararnos para la vida futura. Los lectores aprenderán a estar contentos con este descontento inspirado por la fe y a experimentar una nueva esperanza para la eternidad con Dios.

EDITORIAL
PORTAVOZ

NUESTRA VISIÓN

Maximizar el efecto de recursos cristianos de calidad que transforman vidas.

NUESTRA MISIÓN

Desarrollar y distribuir productos de calidad —con integridad y excelencia—, desde una perspectiva bíblica y confiable, que animen a las personas a conocer y servir a Jesucristo.

NUESTROS VALORES

Nuestros valores se encuentran fundamentados en la Biblia, fuente de toda verdad para hoy y para siempre. Nosotros ponemos en práctica estas verdades bíblicas como fundamento para las decisiones, normas y productos de nuestra compañía.

Valoramos la excelencia y la calidad
Valoramos la integridad y la confianza
Valoramos el mérito y la dignidad de los individuos y las relaciones
Valoramos el servicio
Valoramos la administración de los recursos